授業づくりサポートBOOKS

新任3年目までに必ず身に付けたい!

子どもがパッと集中する授業のワザ74

西野 宏明 著

授業ベタだった教師が
授業崩壊をさせずにすんだ秘密

明治図書

はじめに
「授業ベタ」から「授業力向上」への6年間の軌跡

　教師になりたての4月の1週目。
「西野先生〜，遊ぼう！」「先生サッカーしよう！」「先生，先生，あのね！」
　それはそれは人気者でした。子どもたちから好かれていました。
　一緒に遊んでいるときの子どもたちの顔は輝いていました。子どもたちがどんどん近寄ってきました。みんな素直で，キラキラしていました。子どもと遊ぶ時間は私にとって生き甲斐でした
「子どもはかわいい！　教師になってよかった！」と思っていました。
　数日たちました。
「えぇ……。なんだこれ……。こんなはずじゃなかったのに……」
　非常に強いショックを受けました。それが毎時間の授業です。
　あれだけ休み時間は楽しそうにしていた子どもたちが，授業になると心底つまらなそうにしているのです。開始の1，2分ほどはよいです。「西野先生はどんな楽しい授業をするのかな？」とワクワクを絵に描いたような瞳で私に注目していますから。
　しかし2分経ったら，がっくりとうなだれ，ねむそうに机に伏せ，退屈そうにしているのです。子どもたちの目から輝きがみるみる消え失せていくのを目の当たりにしました。子どもは私に失望しているようでした。
　これは屈辱でした。悔しくて歯がゆくて，とても耐えられませんでした。授業中，完全に一人ぼっちでした。
　一言でいうと，授業力がまるでなかったのです。
　そんな私がどうやって教師を6年間続けられてきたのか。私を支えてくれた教育実践をまとめたのが本書です。

　当時の私は，知的好奇心をまったく刺激できず，「伸びたい」「できるようになりたい」という意思を汲めず，子どもの成長を止めていたのです。「人気者」だったのは，ただ私が若かっただけで「一緒に遊んでくれる」という理由からでした。
「こんなはずはない！」と思いました。しかしこれが現実でした。
　そこからです。私が勉強を始めたのは。

はじめに

　情けない話ですが，初めは「どうやって，45分間をもたせようかな」「国語のこの物語文で，何をすればよいの？」「漢字ドリルってどうやって使うの？」「単元？　どうやって組み立てるの？　それよりも明日の学活をどうしようか」ということを悩み続ける有り様でした。
　しかし，1年，2年……と経つうちに，本棚の書籍がどんどん増えていき，入りきらなくなっていました。
　世にはたくさんの研究団体やサークルがあり，その数だけ指導方法や理論があることも分かってきました。
　教育技術や教育哲学を知るためには，セミナーへ参加することが有効だということを知りました。
　実践力を高めるためにサークルがあり，参加することで学びが何倍にも広がり，深まることを体験的に理解できるようになりました。
　何よりも，自校の先生方から学び，議論をすることで，書籍には書かれていない，セミナーでは発表されていない新たな実践を発見できました。
　毎年，校内研や市の研究会で研究授業をするたびに自分の未熟さを味わうと同時に，自分の成長も感じることができ，それが刺激となりモチベーションを高めてきました。
　このような学びを続けて，6年の歳月が経ちました。
　本書は，この6年間の教育実践の集大成です。
　先輩の先生方から教えていただいた素晴らしい実践。書籍に載っていた有名な実践。セミナーやサークルで知った力のある実践。目の前の子どもの実態から私自身が開発した実践。これらの実践群を修正し，改良し，まとめたのが本書です。
　見開き2ページを読むだけで，毎日の教室で必ず活かせる実践を載せています。読み返してみて「この本が，6年前にあったらな」と思います。それだけ，本書の実践群が私を支えてくれました。
　かつての私と同じように，授業で悩む初任者の先生や若手の先生にとって本書がお役に立てれば幸甚です。
　末筆ながら，本書を執筆する機会を与えていただき，貴重な御指導をくださいました明治図書の木村悠さんには心より感謝を申しあげます。ありがとうございました。
2015年2月

西野　宏明

もくじ

はじめに 2

授業成功のカギは子どもの「集中力」

子どもが集中してくれない！ 8
視点を一点に注目させる 8
「動」と「静」の学習活動を組み合わせる 9
教材，発問を使って思考させる 9
集中技がすべてではない。それでも大事な集中技 10

子どもがパッと集中する！授業のワザ 74

授業全般

基本

❶ 子どもが思わず集中して聞く話し方３つのスキル 12
❷ 指示には必ず「数字」を入れる！ 14
❸ 思考力を鍛える「間違い探し」方式 16
❹ 子どもの集中力をみるみる引き出す「対比」の指導技 18
❺ 子どものやる気と集中力を高める「挑発」の仕掛け 20
❻ 適度に入れると集中力アップの「ペアトーク」 22
❼ 授業が活性化する「意見交流タイム」と打ち切りスキル 24
❽ 表現技能を伸ばす「階段方式」と「崖サメ方式」 26

対処

❾ 叱らず一瞬で静かにさせる必勝技「指先に注目」 28
❿ 静かにする必須合言葉「お口はミッフィー！手はおひざ！」 30
⓫ 手いたずら激減の「心の天使と悪魔」のお話 32
⓬ おしゃべりの多い子は「静かになった瞬間」がほめ時 34

もくじ

予防

- ⑬ 話を聞く姿勢を育てる「王道スキル」 36
- ⑭ 「聞く姿勢」マスターのための体験レッスン 38
- ⑮ 授業崩壊に効き目バツグンの予防薬「ほめる」言葉かけ 40
- ⑯ 学習用具を出す際のザワザワをなくす「ほめるが勝ち」の先手必勝法 42
- ⑰ クラスの子どもを教師の味方に！鍵を握る「中間層の子」 44
- ⑱ 騒がしい子もスッと落ち着く「黙想タイム」 46
- ⑲ うれしさ10倍効果10倍！握手でほめる 48
- ⑳ 子どもの心をがっちりつかむ「ほめられ短作文」 50
- ㉑ １分で聞く力がグングン伸びるおすすめトレーニング 52

国語

導入

- ㉒ チャイム着席に効果抜群の「五色百人一首」 54
- ㉓ 一気に授業に引き込む「いきなり活動」の仕掛け 56

話す聞く

- ㉔ 夏休みの絵日記を３倍活用！スピーチ編 58
- ㉕ 夏休みの絵日記を３倍活用！クイズ・ペアトーク・質疑応答編 60
- ㉖ 「悪い聞き方」体験で「よい聞き方」が分かる?! 62

読む

- ㉗ 飽き知らずで楽しく集中！おすすめ音読バリエーション 64
- ㉘ みんなの前で堂々と読めるようになる「音読ステップ」 66
- ㉙ よい例とダメな例の比較で音読ポイントが一目瞭然！ 68
- ㉚ 「評定方式」で表現がグングンよくなる！班対抗の音読大会 70
- ㉛ 討論・話し合いが活発になる「○×発問」 72
- ㉜ 話し合いが活性化する！意見交流の「作戦タイム」 74

書く

㉝ 「動と静」の組み合わせで新出漢字も楽々習得　76
㉞ ドリルやプリントでやる気が一気にアップする「先生チェック」　78
㉟ どの子も漢字が読めるようになる「１分間速読」　80
㊱ 集中して取り組める！漢字テストのシステム　82
㊲ 入学直後の１年生も集中！だれでもできるひらがな指導①　84
㊳ 入学直後の１年生も集中！だれでもできるひらがな指導②　86
㊴ 書くことにはまる！スキマ時間の「視写プリント」　88
㊵ 「視写プリント」楽々作成術＆ユースウェア　90
㊶ 準備いらずでどの子も熱中する「漢字ゲーム」　92
㊷ 手間いらずで書く力が伸びる「100マス作文」　94
㊸ どの子も長く細かく書けるようになる「ビデオ作文」　96
㊹ どの子もみるみる書きたくなる「成長作文」システム　98
㊺ 推敲力がグーンと高まる「一発評定」マル秘テクニック　100
㊻ 改善個所を自分で発見！楽しい毛筆書写　102

算数

導入

㊼ 一瞬で授業に引き込む「フラッシュカード」　104
㊽ 低学年の導入はやっぱりすごい「百玉そろばん」　106
㊾ 毎朝５分の「百マス計算」で学習モードにスパッと切り替え　108
㊿ 卒業後も感謝される！毎日の「公式暗唱」　110
㉛ 算数の宿題は「子どもマル付け」で効率アップ　112

原則

㉜ どんな子どもも混乱しない「一時一事の原則」と「確認の原則」　114
㉝ 算数100点の近道は「年間ノート５冊」　116

場面別

(54) 1年生もスラスラ解ける「音読式文章題攻略法」 118
(55) 計算問題で欠かせない1時間1回の「先生チェック」 120
(56) 時間調整にも便利！大人気の「子ども板書」 122
(57) つまらない計算練習が180度変わる「計算道場」 124
(58) 分度器や数直線に視線が集中！魔法の言葉「ストップ！」 126
(59) ふか〜く集中できる「間違い探し式答え合わせ」 128

授業外

日常

(60) 朝会でビシっと整列できる！よい子に着目の「その場評価」 130
(61) 全校朝会，学年集会で「聞くモード」をつくる話し方スキル 132
(62) 朝自習を静かにさせるための四原則 134
(63) 朝の会はねらいに応じてテンポよくカスタマイズ！ 136
(64) トイレ移動も騒がしくならない！5分休みの廊下歩行 138
(65) 静かに教室移動ができるようになる先生との「勝ち負けゲーム」 140
(66) 給食を7分以内で準備する「居酒屋方式」 142
(67) 掃除モチベーションUPの「汚いところ探し」と「気持ち悪い体験」 144
(68) プリント配布は「丁寧さ」と「礼儀」の指導チャンス 146
(69) 帰りのしたくが2分で終わる！「ベロン作戦」 148

行事

(70) 校外学習や移動教室も静かに見学！「事前指導」と「怒りのサイン」 150
(71) 運動会の表現指導は「動きと言葉をセット」で決まり 152
(72) 校庭練習の砂いじりが激減する「勝ち負けゲーム」 154
(73) 子どもの心を一瞬でつかむ！着任式のテッパンあいさつ 156
(74) 保護者会が温かく楽しくなる3つのポイント 158

1章 授業成功のカギは子どもの「集中力」

■ 子どもが集中してくれない！

　私が初任者だったころ，具体的には次のことが大きな悩みでした。
・子どもたちがやる気を出さない。のらない。つまらなそう。
・子どもたちがおしゃべりや手いたずらをして言うことを聞かない。
・子どもに学力が付いていかない。
　今になって思い返すと，すべてに共通する原因がありました。
　それは，集中技の欠如です。
　子どもを集中させる技が私に不足していたのです。
　キーワードは「集中」です。
　授業に集中させることができれば，やる気を引き出し，授業を盛り上げることができます。授業が楽しくなってくるので，先生の話をよく聞くようになります。何よりも，一人一人に力を付け，伸ばすことができます。
　では，子どもたちを集中させるにはどうすればよいのでしょうか。
　私は次のように考えます。
① 視線を一点に注目させる。
② 授業の中で「動」と「静」の学習活動を組み合わせる（体，特に手，目，足を動かす活動を取り入れる）。
③ 教材，発問を使って思考させる。
　本書では上記3つのポイントをふまえた具体的な方法を紹介しています。

■ 視点を一点に注目させる

　授業でも，授業外の場面でも，子どもたちの視線を一点に注目させると集中するようになります。
　当然です。そこしか見ないからです。しかし，これが大事なのです。視線があっちこっちに行くと，集中しなくなります。だから，あえて視線を集める工夫をするのです。
　私は初任者の頃，注目させるのが下手でした。

注目させるときは,「はい,静かにして～」「はい,じゃあ話すよ～」と言う程度でした。集中させる技も意識もなかったのです。

少し工夫するだけで,簡単に静かに集中させることができることなど,考えてもいませんでした。注意する,叱る,怒鳴るなどの力技で生き延びていました（笑）。あぁ,6年前に集中技を知っていれば,どんなにやりやすかったか……。

「動」と「静」の学習活動を組み合わせる

また,意図的に体を動かす活動を取り入れることにより,その後が静かに集中するようになることが分かってきました。荒れさせたくない,集中させたいからといって,ずっと座らせ続けたり,メリハリのない単調な授業をしたりすると,反対にストレスがたまり騒がしくなります。だから「動」と「静」の活動を組み合わせてメリハリをつけるのです。

多動傾向の子を受けもったとき,このことを痛感しました。

多動の子は45分間座り続けることを苦痛に感じます。そのため,あえて授業の中に動きのある活動を多めに取り入れるようにしました。

すると,多動傾向の子だけでなく,多くの子どもたちがスッと静かに集中して学習するようになりました。

声を出す活動ではたくさん声を出し,話し合う活動では活発に話し合い,ノートを見せに来るときはサッと移動し,静かに聞くときは静かに聞き,思考するときは黙って思考できるようになりました。

教材,発問を使って思考させる

子どもは集中して思考しているときには,絶対に荒れません。知的好奇心が刺激され,思考するのが楽しく,脳が快感を味わっているからです。無我夢中で学習に取り組んでいるときには荒れようがありません。

ところが,私が初任者のころは教材研究のやり方は分からず,どんな発問なら思考するのかも見当がつかず,教材や発問を上手に使って思考させる術

をもっていませんでした。

　しかし，多くのすばらしい実践を追実践していくことで「ああ，こうやるのか！」と集中させるコツをつかむことができるようになってきたのです。

　集中させるメリットはまだあります。

　学級崩壊の予防です。

　集中技には，学級の荒れを防ぐ大きな効果があります。

　学級崩壊の原因は様々です。しかし，その大きな一つが，授業です。

　授業がつまらない，息苦しい場合，子どもにはストレスがたまります。

　自分の力を発揮させてくれない先生や授業に対して，不満，いら立ち，失望感を自覚的あるいは無自覚的に感じます。それが噴出した状態が崩壊です。

　それゆえ，楽しく，知的で，集中できる授業になれば，子どもたちは正しい方向に力を発揮できるようになります。知的好奇心は満たされ，自分の表現が認められ，友達と高め合っていくようになります。そうなると，崩壊など起こりえず，すばらしい学級になります。

　本書には崩壊まではいかないにしても，騒がしくなったときの対処法も記しました。しかし対処よりも予防の方が大事です。対処にかかる労力は半端ではないからです。対処する大変さに比べたら，予防の大変さは数分の1程度です。予防に力を入れれば入れるほど，子どもは話を聞くようになり，けじめがつくようになり，学級は安定していきます。

　学級崩壊を予防する一助となることも，本書を出版する動機の一つです。

集中技がすべてではない。それでも大事な集中技

　本書は集中技について書かれています。

　にもかかわらず，以下のようなことを書くのは変なのかもしれませんが，大事なことだと思っていますし，本音を隠せないのであえて書きます。

　子どもたちを集中させる技をもち，使いこなすことで，より効果的に教えることができます。集中させる技は子どもを伸ばすうえで重要です。しかし，それが究極的な目的にはなりません。集中させることそれ自体が，先生の仕

1章　授業成功のカギは子どもの「集中力」

事の目的にはなりえないからです。集中技はあくまでも手段です。

　小学校教師は，子どもたちに一生涯の基礎となる学力を身に付けさせるのが仕事です。そのために，どんな子どもを育てどんな社会を形成したいのかという哲学をもつことや，教材の解釈力や開発力，授業の構想力や展開力，子どもの思いを汲み取る力等を涵養していく必要があるのです。集中技は，これらの力のうちの一つです。

　また，話し手は常に聞き手を集中させてくれる人ばかりとは限りません。子どもたちは人生の中で，様々な人の話を聞く機会があるでしょう。いつまでも，先生が集中させる技を駆使してばかりいては，子どもが成長しません。「今は，集中すべきときだ」と自ら思い，パッと切り替えられる子どもを育てることが大切です。この視点を失ってはいけないと思います。

　しかし実際に，子どもを集中させられず悩んでいる先生がいるのも事実です。私自身もそうでした。今でもそういうときがあります。

　集中させられない状態というのは，先生も困りますが，まじめにやりたい子にとっても不幸なことです。周りが集中せず騒がしいと，きちんと聞こうとしている子，伸びたいと願っている子にとっては，それができなくなることを意味します。これはよくありません。

　若手の先生が集中技を使いこなせるようになれば，まじめな子も集中が続かない子も注意が散漫な子も，どの子も学習に意欲的になり，もっともっと伸びていくはずです。さぁ，本書の技を早速授業で試してみましょう。

2章 子どもがパッと集中する！授業のワザ 74

1 子どもが思わず集中して聞く話し方3つのスキル

> 「目線」「抑揚」「ジェスチャー」の3つを押さえれば，子どもたちもグッと集中して話を聞きます。

授業全般

■ 基本スキル1　視線

　子どもに指示，説明するときは視線を合わせます。授業でも，集会でもどんなときでもそうです。

　視線はNやZの形に動かします。学級の全員を見渡すのに効率的だからです。ちなみに，一人2秒くらい視線を置くと，「先生は今，私に話している」と思わせることができます。

　低学年などは，急に腰をかがめて上体を下げて，視線の高さを合わせると，全員がハッとこちらを見ます。

　視線を合わせて指示する方法と合わせないで指示する方法をあえて試してみてください。子どもの注目度がまったく違うはずです。

■ 基本スキル2　声の抑揚，間，大小

　自分の指示や説明を録音して聞いてみてください。

　初任者時代，私は意識をしているつもりでも，声が単調だったり，冷たい感じの声になったりしてしまいました。

　子どもが集中するには，抑揚（高低），間，大小をうまく工夫することです。

　例えば，水泳指導で「6年2組バディ用意」と言うとします。これを工夫すると「ろくねん……にくみ。バディィ……よぉうい！！」となります。言葉と言葉の間はしっかりと間を取るように，あるいは縮めて読むようにします。一文の中に，強く読むところ，弱く読むところなど抑揚を意識します。

　ちなみに，声をグッと低くすると低学年の子はパッとこちらに注目します。

N形，Z形の視線でクラス全体を見渡します

基本スキル3　ジェスチャー

　言葉だけではなく，身振り手振りのジェスチャーをうまく使いましょう。ジェスチャーは，視覚優位の子にとって理解しやすいことに加えて，多くの子に興味をもたせることができます。

　何かを話すときには，ストーリー仕立てにします。教師はその話の登場人物になりきり，俳優のように演技をしながら描写で語るようにします。恥ずかしがらず，表情も豊かにすると子どもグッと集中します。

　特に生活指導，安全指導などでは有効です。

　「先生が一昨日，学校帰りに秋川街道をこうやって歩いていました（歩く）。するとずっと前の方向から，自転車に乗っている子が見えました（遠くを見る）。『あ！（驚く）』（小声で）急に，車道にはみ出たかと思うと，すぐそばを走っていたトラックとぶつかりそうになって……」

というように，演技，描写を交えて話すとシーンと集中します。

- ☐ 目線はNとZの形で一人一人の目を見よう
- ☐ 声の抑揚，間，大小を意識しよう
- ☐ ジェスチャーを交えて描写を語るとグッと集中

指示には必ず「数字」を入れる！

発問や指示に数字を入れることで，子どもたちは具体的な目標と達成感を得ることができます。

数字が入ると，子どもは集中する

次の2つの場面において，AとBの指示。どちらがよいでしょうか。

例：体育の水泳指導で，よい泳ぎ方と間違った泳ぎ方を示すとき
　A「初めの泳ぎと後の泳ぎには，違いがあります。どう違うかよく比べて見てみましょう」
　B「初めの泳ぎと後の泳ぎには，2つ違うところがあります。どことどこが違うか見つけましょう」

例：国語の説明文の読みとり
　A「証拠を見つけて，教科書に線を引いてごらん」
　B「証拠は3つあります。ここだと思うところに線を3本引いてごらん」

正解は，両方ともBです。

なぜなら，数が入っているからです。数字を入れることで，目標，やるべきこと，優先順位が明確になります。

数字があることにより，できた子は「よし！」という達成感と安心感，できていない子は「まだ自分はできていない」ということの自覚を味わいます。

数字があると，緊張感が生まれます。できたかできていないかが明確になるからです。だから集中するのです。また，「あと○つ」という見通しがもてるので，安心して学習できるようになります。

数字を入れた指示・発問の具体例

・理科「実験の前に注意することが3つありました。3つとは何か言える人？」
・国語の文字指導。正しい字と間違えている字の両方を板書して「間違いが

2章 子どもがパッと集中する！授業のワザ74

数字が入るだけで目標が明確になります

3つあります。見つかったら姿勢を正します」
・国語「大造じいさんの気持ちが分かる箇所を探します。3か所あります」
・国語の漢字探しゲームで（p.92〜参照）「5個見つけたら合格。10個見つけたらすごい。高学年レベル。いないと思うけど，15個以上見つかった人は，中学生レベルだな」
・生活科の春探し「5種類の植物を見つけられたら先生のところに言いに来ます」
・社会の写真や絵の資料の読みとり「気付いたこと，分かったことを①②③と3つ書けたら持ってきます」
・体育の跳び箱「倒立のポイントは2つありました。2つ思い出したら立ちます」
・廊下歩行「気を付けることが2つあります。何と何ですか？」
・ゴミ拾い「教室をきれいにします。ごみを10個拾いましょう」
・指示「大事なことを3つ言います。指を折りながら聞きます」
・指示「10秒でできたらすごい。10，9，8，……」

☐ 発問・指示に数字を入れよう
☐ 数があることで目標が明確になり，見通しがもてるので集中する

3 思考力を鍛える「間違い探し」方式

教え込むよりも効果絶大！　わざと間違った例を見せて子どもに正解を見つけさせましょう。

■ 教師がわざと間違えるから，子どもは正解を言いたくなる

　あることを教えたいとき，教師がわざと間違えるのも一つの手です。教師がわざと間違えると，子どもは熱中してそれを正そうとします。

① **話の聞き方**

　教師があえて悪い聞き方をして，それを正しい聞き方に直させるという方法です。私と話をしたいという子を前に呼びます。そして言います。

　「今からAさんが先生に話をします。先生の聞き方に注目してください」

　私は，椅子からずれ落ちそうなほどだらしなく座ります。視線はそらします。あいづちはしません。手はボールペンをいじっています。

　始まってすぐに，クスクス笑いが起きたり，「かわいそ〜」「先生，だめだよー」という意見が出たりすれば，もう成功です。次に言います。

　「では，みんなで先生のダメな聞き方を直してください」

　背筋，視線，あいづち，手はひざの4つのポイントを言わせ板書します。最後に，ペアでよい聴き方，悪い聴き方で会話をさせます。

　4つのポイントを教師が教え込むより，はるかに能動的なので集中します。やらされている感がなくなるからです。この指導方法は，文字を書くときの姿勢，給食の食べ方，あいさつの仕方などにも応用できます。

② **音読の仕方**

　教師がわざと背中を丸め，足をだらんと前へ伸ばし，顔と視線を下げ，小さな声でぼそぼそと，棒読みをします。そして問います。

　「この読み方でよいですか？（子ども「ダメ！」）では，どうしたらよいかな？」と言って，意見を言わせ板書します。

ダメな聞き方を実演

　最後に、よい音読と悪い音読をして、どちらがよいか体感をさせます。

③　卒業証書授与の仕方

　これも教師がダメな見本を示します。背中を丸めて下を見て、足音をバンバン言わせて歩き、（寒いときに子どもが手首から先を隠すように）服の袖で手が出ないようにだらしなく歩きます。

　これも①②と同じように、子どもに指摘をさせ、実際にやらせてみます。

　どちらにするか、自分で選ばせます。

教師が教え込むよりも、知的で体験的な分だけ集中する

　教師が直接的に「ああしなさい」「こうしなさい」と教え込むことも必要です。しかし私の経験則では、①～③のやり方の方が定着しやすいです。

　なぜかというと、知的で体験的だからです。子どもが思考し意見を言い、ダメな方とよい方の両方を実行し、最後に自分たちでどちらにするかを選択するからです。

　子どもたちは、自分たちで考え、自分たちで決めたことは、しっかりと集中して行います。

- □　教師がわざと間違えて、それを直させる活動を入れよう
- □　教師が教え込むよりも、知的で体験的な方が集中する

子どもの集中力をみるみる引き出す「対比」の指導技

体育，図工，掃除…どんな場面でも，よい例と悪い例を比較して見せることで集中して取り組むようになります。

比較すると，子どもは集中する

　子どもは，あるものとあるものを比較するとき，高い集中力を発揮します。何かのコツを教えたいときにも，この比較は有効です。いくつか紹介します。

① 体育の倒立のコツ

A：手を床に付けた後，床をしっかりと見る
B：手を床に付けた後，床を見ないであごを引く

　Aをやって見せます。きれいに倒立ができます。次にBをします。倒立ができずに，前の方に転がってしまいます。そして問います。
　「Aは成功，Bは失敗。実は，違いが1つあります。それは何でしょう」
　またAとBをそれぞれ行います。まだ答えは言わせません。またやります。隣同士で話し合いをさせます。多くの子が気付いたところで答えを言います。
　その後，子どもたちにAのやり方と意味を教えます。こうすると，いきなり教えるよりも，見る力が育ちます。また，子どもたちは，Bで教師が実際に失敗している姿を見るので，より意識的にAをしようとします。

② 色の塗り方のコツ （同じ絵）

A：はみ出ずに，うすく丁寧に塗っている
B：はみ出して，ギザギザに力を入れて塗っている

　「どう違いますか？　3つ違いを見つけましょう」と言い，出された意見を模造紙に板書します。「色を塗るときは，この3つに気を付けて塗りましょう」と指示するだけで，見違えるようになります。

③ 教室の掃除，整理整頓のコツ （同じ場所の写真）

A：きれいな教室　B：汚い教室

きれいな教室と汚い教室。比べれば一目瞭然です！

「どちらがきれいですか。（子ども「A！」）何がどう違いますか。」
　Aの意見とBの意見を分けて板書します。「AとBどちらがよいですか。（挙手）自分の掃除の仕方や普段の生活の意識は、AとBどちらに近いですか。（挙手）では、Aの意見を参考に、教室をきれいにしてごらん」と言って掃除をします。「きれい」の具体的な中身が板書されているので、やることが明確です。やることが明確だと、子どもは集中します。

④　音読の表現力のコツ　（音読の比較について p.68〜参照）
A：気持ちを込めて読める子、登場人物になりきっている子の音読（朗読）
B：棒読みで、ぼそぼそした声で、下を向き、無表情の教師の音読

　それぞれ読んだ後、「先生とこの子たち、どう違いますか。3つ見つけられたら、すごいな」と発問します。意見を板書して言います。
「では、黒板に出された意見を意識して読んでみましょう」
　これだけでも、読み方がずいぶんと変わるはずです。読みが変わった子をたくさんほめましょう。

- □ よい例だけでなく、悪い例も見せるから、よさが際立って分かる
- □ 比較させることで思考するため、よい点だけを教えるよりも、定着率が高くなる

5 子どものやる気と集中力を高める「挑発」の仕掛け

> ひたすらほめるだけじゃ子どもは伸びない?!　ときには「挑戦心」に火をつけてみましょう。

■「挑発」してやる気と集中を高める！

　初任者の頃，読んだ本の中に次のような文がありました。
「子どもは，ほめてやる気を引き出しましょう」
　そのとおりやってみました。ひたすらほめまくっていきました。
　が，子どものやる気と集中は高まることがありませんでした。
　なぜか。それは子どもが伸びていないにもかかわらず，闇雲にほめていたからです。成長の実感がないのにほめられても，子どもはやる気が出ません。
　そんなとき，先輩の先生に教わりました。
「子どもは，挑戦心をあおられたり，試されたりすると本気になるよ」
　私には，活動の前にやる気を引き出す，心構えをつくるという発想がなかったことに気付きました。それ以後，活動前に子どものやる気を引き出すための言葉かけを考え，実践するようになりました。

■「挑発」の具体例

　やる気と集中を高める「挑発的」な言葉かけを紹介します。笑顔，したり顔で言うと効果的です。
　「挑発」は「何っ?!　負けるか！　やってやる！」と思わせるのがコツです。
・「２年生には難しいかなぁ。（教師だけ問題を見て）これできたら天才だな」
・「去年の６年生の最高記録は２分だったな。でも，あれは奇跡だったからな」
・「これはレベルが高い技なので，できなくていいからね」
・（暗唱するとき板書を消していって）「ここは消しちゃうと，難しいよね。
　だから残しておこう。１年生じゃあ，無理だよね。かわいそうだよね」

2章　子どもがパッと集中する！授業のワザ74

「挑発」してやる気を一気にアップ

・班対抗の音読や歌で声が小さい班に，TVリモコンの音量ボタンを向ける。
・（4年生以下の子に）「これは5，6年生の人以外にはやったことがないんだけど，挑戦したい？　やめておく？」
・給食をいつも残す子に，米一粒，味噌汁一滴を配膳する。
　子「先生，これじゃあ少なすぎます。増やしていいですか？」
　私「いやぁ，無理しなくていいよ。食べるの大変でしょう」
　子「えぇ，もう少しは食べられます！」
　私「しょうがないなぁ。一口だけだよ」
　こうしていくと，徐々におかわりが増えていきます。失敗体験が成功体験に代わる逆説的発想です。ちなみに，これは人間関係ができていない場合は絶対にやめましょう（笑）。
・「道は2つ！　楽チンな道・厳しい大人の道どっちに挑戦するかな?!」
・（班対抗の出し物や発表の際）「先生が審査します。甘ちゃん，フツー，辛口，どれにしますか？」
・「5回できたら，たいしたものだよ。普通の小学生は2，3回だからね」

□　「よし！　やってやろう！」と思わせる言葉かけが大事
□　温かい関係を築いてから「挑発」すること

6 適度に入れると集中力アップの「ペアトーク」

先生の話が長くなってくると子どもの集中力が途切れてしまいます。隣同士で話し合うだけで，集中力を保つことができます。

■ 先生の長い話→飽きる→やることなし→私語・手いたずら

　先生がしゃべりすぎると，子どもは飽きます。飽きるから，手いたずらをし，しゃべるのです。

　先生が話し続けている間，子どもは聞く以外何もできません。じっと同じ姿勢で聞き続けるように，行動が制限されます。大学時代の一般教養の講義を思い出してください。まさにあれです。「苦行」です（笑）。

■ ペアトークの具体例

　そこで，子どもが気持ちよく集中するペアトークを提案します。

　やり方は簡単です。説明，発問の後に「隣同士，話し合ってごらん」と指示するだけです。私は1時間の授業で，2～5回は入れています。

　基本は，発問（課題）→個人で考える（書く）→ペアトークの流れです。

　具体的な教科，場面，発問は以下のとおりです。

・算数　文章題を読んだ後

　「この問題は何算ですか。その理由も話しましょう。隣同士，どうぞ」

・社会　資料の読みとり

　「AとBの写真，違いは3つです。（1分待つ）隣同士で言い合ってごらん」

・新聞づくり，ノートまとめ等の作業中

　「はい，終了。ここまで，隣同士見せ合い，ほめ合ってごらん」

・生活科　アサガオの成長の比較

　「先週と比べて変わったところを話し合ってみよう。どうぞ」

　これら以外に，いくらでも応用可能です。

お隣同士でペアトークをしています

3つのメリット

① 発散，気分転換→飽きずに集中

　冒頭に書きましたが，聞く以外何もしないという状態は，子どもにとって苦痛です。それが，たった30秒でもペアトークが入ると緩和されます。話し合うという能動的な活動が入るので，スッキリ学習できます。

② 場が和む　緊張や不安の緩和

　発問後，考えさせたり，それを書かせたりする時間を取ります。ここでいきなり発表させるのもよいですが，年度当初にはペアトークを入れます。子どもが安心するからです。また，全体発表の前の練習になり，自信が付くからです。

③ 授業の流れを再構成（教師にとってのメリット）

　ペアトークの時間，教師はフリーです。全体を見渡すのが基本ですが，この後の展開を確認したり，再構成したりすることができます。

□ 教師が長く話すのではなく，適度にペアトークを入れよう
□ 発問，課題提示，説明にセットで入れるのがコツ
□ ペアトークでスッキリ，安心して学習できる

授業が活性化する「意見交流タイム」と打ち切りスキル

席を立って移動することが気分転換に。打ち切り方のスキルさえ身に付けておけば，収拾が付かなくなる心配も無用です。

意見交流のメリット

　自由に立ち歩き意見交流をさせると授業が活性化します。子どもが飽きずに，楽しく集中するようになります。
　主なメリットは3つあります。

① **気分転換，発散，楽しい**
　立ち歩くことで気分転換になり，ストレスが発散されます。そのため，意見交流後の学習に，より集中するようになります。

② **たくさんの意見に触れ，再思考**
　ペアトーク，挙手指名よりも，多くの意見を聞くことができます。また，友達の意見を聞いて，意見が変わったり，意見の論拠を増やしたりすることができます。

③ **友達との関わりが増える**
　休み時間には遊ばない子とも関わることができます。授業を通して，友達関係をつなぐことができます。

意見交流の打ち切り方

　発問をして，意見を書かせてから意見交流です。指示は簡単です。
　「椅子をしまって，意見交流をします。どうぞ」これだけです。
　しかし，私が初任者時代には，どうやって交流を打ち切るかが分かりませんでした。また立ち歩きや話し合いの収拾がつかず，ずるずる学級が崩壊していったらどうしようという不安が強くありました。

2章　子どもがパッと集中する！授業のワザ74

合図に気付いてグーパーグーパーが広まっていきます

合図を決める→できるかどうか練習→意見交流

　ある先生から，簡単な打ち切り方を教わりました。

　合図を決めて，教えるのです。いくつかありますが，最も分かりやすいのは「グーパーグーパー方式」です（上写真を参照）。

　「意見交流をしているとき，先生のストップの声が聞こえないよね。だからこうしたら（両手を挙げてグーパーグーパーをする）静かに先生を見てください。一度，全員でグーパーだけやってみましょう」できているか確認します。ほめてやる気を引き出します。

　「次は，実際に立ち歩いて，グーパーの合図を先生がしたら，見えた人から真似をしてね。それで友達にも知らせてあげて」

　これも実際にやります。立ち歩いて30秒ほどしたら，先生がグーパーします。それを見た子が真似をし，全員が静かにこちらを向いたらほめます。ここまでやってから本番の意見交流に入ると，混乱せずに行うことができます。

□ 授業中，自由に立ち歩く意見交流タイムを設けよう
□ 意見交流の打ち切り方は，
　①教える　②やって見せる　③ほめる　のステップで

8 表現技能を伸ばす「階段方式」と「崖サメ方式」

音読や歌唱の声の大きさや表情，ダンスの手足の動き等，子どもが燃える評価法で表現力がグーンと伸びます。

■ ゲーム形式だから子どもが燃える！

「もっと，声を大きく出しなさい」「口をもっと開けてごらん」

私はさんざんこれらの言葉かけを行ってきました。が，子どもはいっこうに変わりません。むしろ，子どものテンションは下がりました。「やらされている感」が余すところなく漂っていました。

なぜかというと，子どもが燃える仕掛けがないからです。

子ども自らが「やりたい！」と思えるような工夫が必要です。

班対抗のゲーム形式の指導を２つ紹介します。ねらいが１つか２つであれば，「評定方式」（p.70〜参照）よりもこちらがおすすめです。

■ ドキドキ「階段方式」

例えば，頭声発声で大きな声で歌わせたいとき。

曲のサビの部分など歌う箇所を指定します。班で２，３分練習をさせます。その間に，右ページ（左）のような絵を板書します。班の数だけマグネットを置きます。５班編成なら，１〜５と数字を書いたマグネットを用意します。

１班から順に発表をさせます。１班の発表が終わったら，先生が評価をします。頭声発声の音量が，大きければ上の方に，まだまだ声が出るなと判断したら下の方にマグネットを置きます。同じようにして，次は２班……と続けていきます。全部の班が終わったら，順位が出るはずです。

「３班が１位だね。他の班の人，もう終わりでいい？」と問います。たいていの場合，「もう１回やりたいです！」とくるので，また練習，発表，評価と続けます。

2章 子どもがパッと集中する！授業のワザ74

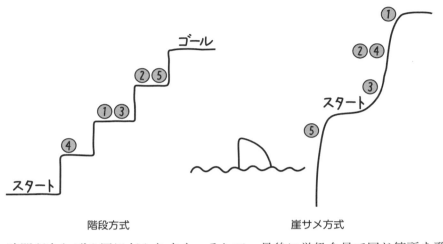

階段方式　　　　　　崖サメ方式

　時間があれば3回ほどやります。そして，最後に学級全員で同じ箇所を歌います。授業の最初とは比べられないほど声量が大きくなっているはずです。

スリルとサスペンスの「崖サメ方式」

　階段方式に慣れてきたら行います。やり方は同じです。
　階段方式は，基本的に加点法でした。ゴールに向けて上がっていきました。しかし，崖サメ方式は減点もあります。スタート位置からはじめて，発表がイマイチならサメに近づけます。これがスリル抜群なのです。階段方式よりも真剣です。
　発表後は，手に持つマグネットに視線がグ〜ッと集中しているのが分かります。置くたびに「え〜っ!!」とか，「あぁ……」とか，「よっしゃー!!」とか，実に盛り上がります。
　（この実践は，群馬県の深澤久氏から多くの示唆を得ています。）

- □ 伸ばしたい観点が1つか2つの場合におすすめ
- □ 発表のときは，じらすと効果的

叱らず一瞬で静かにさせる必勝技「指先に注目」

移動教室や授業参観など，大声で叱れないときにおすすめ。子どもの視線を一点に注目させれば静かになります。

叱らないで，静かにさせる方法

騒がしい。集中していない。それでもすぐに何かを伝えなくてはいけないことがあります。「うるさいな，いい加減にしろよ！　こっちは時間がないんだよ！　でも今は大きな声で叱れない……」というときです。例えば移動教室の集合，全校で行う行事，授業参観での合同体育など。

そんなときに使える技を紹介します。

これ何本？

「これ何本？」と言って指を3本示します。「たす」と言って2本を示し，「は？」と問います。そして「5」と言わせます。つまり3＋2をさせたわけです。間髪入れずに「えらい！　じゃあ次は？」と言って数を数えて2，3回やります。

そして「次の答えを言ったら，もう口を閉じます」と指示をします。すると，子どもたちは答えを言った瞬間，スッと静かになります。できたらほめましょう。

別のやり方です。「5，4，3，2，1……」と言いながら，手の指を5本から1本まで折って示していきます。そして，いきなり指で3を示し，「何本？」と聞きます。子どもたちは「3！」と答えます。すかさず，「えらい！　よく見てる！」とほめます。これを2，3回繰り返します。

最後に，「次の本数を言ったら，口は閉じて声は出しません」と指示します。子どもたちは数字を言った後，本当にしーんとするはずです。小さな声でほめましょう。

叱るだけが注目させる術じゃありません

これ何色？

　ペンを高く挙げて子どもたちに見せます。そして聞きます。

　「これ何色？」例えば赤ペンの場合は「赤！」というはずです。「そう！よく見ていたね！」とほめます。次に、「じゃあ、次の色が見えたら、一言もしゃべらないでスッと静かになります。いくよ、色が分かったら、心の中で言うんだよ。分かったね？」と言います。

　そして、あえて間をおいてから黒ペンを出します。静かにしている子どもたちに、「さすがだね、みんなは。約束どおり静かにしていました。立派！」とほめます。互いに気持ちがよくなります。

　もしも赤ペンしかない場合はこうします。

　「これ何色？」「赤！」「そうだね。早いね。すごい。次、先生がこの赤ペンをサッと下げたら静かにします。先生が手をおろしたら、一言もしゃべらない。できたら、すばらしい」

　手を下げます。子どもたちは静かになります。これもできたらほめます。シンプルですが、かなり効く方法です。

- □ 子どもたちの目を見ながら、しっかりほめていくと効果は2倍
- □ 視線を集中させると子どもは静かになる

10 静かにする必須合言葉「お口はミッフィー！手はおひざ！」

年度・学期当初に，静かにさせたり注目させたりする合言葉や合図を決めておきましょう。

低学年担任は必須の技術　静かにする合言葉

　なるべく早い時期に，静かになるときや，活動をやめて注目させるときの合言葉や合図を決めましょう。特に低学年の子には，おもしろいくらいに効力を発揮します。

合言葉①　「お口は，ミッフィー！　手はおひざ！（目は先生！）」

　実践する前に何度か練習をします。先生が「お口は」と言ったら，「ミッフィー！　手はおひざ！」と言わせます。「ミッフィー！」のときは，口の前に指で×を作らせます。「手はおひざ！」のときは，実際に手をひざに，「目は先生！」は実態に応じて，言わせても言わせなくてもよいでしょう。

合言葉②　「せーの」で手拍子

　教師が「せーの」と言ったら，子どもが「パン！」と手拍子を1回します。もう一度「せーの」と言ったら「パンパン！」と2回手拍子をします。3回目の「せーの」で「パンパンパン！」と3回手拍子をしたら，子どもは「ひざ！」と言いながら手をひざに置きます。スピードが大事です。

合言葉を言った子をしっかりほめよう

　子どもに定着させたいことがあれば，評価すること，ほめることが大事です。初めの頃は，きちんとできる子とそうでない子がいるはずです。こういうときは，きちんとできている子をすかさずほめます。勢いよく，目を見て，しっかりとほめます。これを繰り返していると，まじめに取り組む子がどんどん増えていきます。

　練習したての頃も，ほめながらやると定着が早いです。例えば，合言葉②。

低学年には欠かせない合い言葉です

「せーの」と言って「パン！」と手拍子をした子がいたら、「早い！」とほめます。すぐに「せーの」「パンパン！」「いいね！　せーの」「パンパンパン！」「ひざ！」「すばらしい！　よく見ていたね」というようにテンポよくほめていきます。

合言葉⇒合図⇒子ども自身の力で注目

　いずれは合言葉なしで、子どもたちが注目できるように育てたいです。
　ですから、定着したら「今度からは先生が黒板の前に立って『ハイ！』と言ったら、すぐに向けるようになろうね」と言って、練習をします。これも、もちろん評価をしていきます。
　こうしていくと、何も言わなくても注目をする子が出てきます。その子をほめることで、最終的には子どもが自ら気付いて注目できるようになります。

- □ なるべく早い時期に、合言葉を定着させる
- □ 定着させるときは、必ずほめる
- □ 最終的には、自ら注目できる子に育てよう

手いたずら激減の「心の天使と悪魔」のお話

自己中心的な行動の多い低学年の子どもに効果的。叱るよりも効果テキメンです。

心の天使と心の悪魔

　低学年の子どもが，手いたずらをしたり，周りのことよりも自分を優先しようとしたりすることを「阻止」（笑）するときに有効です。

　入学式，始業式から1週間は，全員素直にきっちりやるはずですから，わがままが出始める2週目以降に話します。

　「君たちの心の中には，天使と悪魔がいます。心の天使は，君にした方がよいことを教えてくれます。例えば，今はしゃべってはダメ。先生が話すからがまんしようって心の中で教えてくれる。天使はきちんと分かっている。だからみんなはやさしいこと，よいことができるんだよ。でも，人の心には悪魔もいます。ときどき悪魔が言うんだよ。しゃべっちゃっていいんだよ。手を動かしてもいいんだよ。先生が話しているけど，手を動かしたいんでしょ？　見つからなければよいんだよ。ほら手いたずらしなよって。さぁ，みんなは悪魔の声に勝てる？　負けちゃう？　悪魔のささやきに負けないで」

　この話をした後は，折に触れて，どんな行動が天使か悪魔かを教えていくと，自己中心的な行動が減っていきます。

例：静かに整列できた場合

　「いや～みんなさすがだねぇ！　心の悪魔の『ほら，おしゃべりしちゃいなよ』っていうささやきに勝ったねー。静かに並べてえらい！　君たちは天使だね！」

　子どもたちは，みんな笑顔で「次もがんばろう」となります。

例：教師が指示をするときに，手を動かしている子がいる場合

　「あぁ2人が心の悪魔に負けちゃった。『お話を聞く時間だけど，まだ色鉛

心の天使と悪魔は先生よりも威力？があります

筆で塗っていていいんだよ』っていう悪魔のささやきの方を選んじゃった。残念だなぁ」

2人は「あっ」と気付き姿勢を正します。叱るよりも，教師も子どももストレスを感じません。

幼児言葉で「挑発」

たまに，こういう手もあります。

周りの子は手を止めて，授業のあいさつをしようとしているのに，ある子だけ片づけをして早く休み時間に行こうとする場合。その子の方を見て言います。

「ぼくちゃんは，周りの子なんかどうでもよいんでちゅ〜。がまんしないで，ぼくだけ片づけをして早く遊びに行きたいにょ！」

「あたちは，しまいたいの！ 先生の話よりも，しまう方が大事なの！」

1年生は幼児言葉で挑発されると，パッと手を置きます。ただしこの方法は子どもの自尊心に配慮して行いましょう（笑）。

- ☐ 子どもの行動を天使と悪魔の話に置き換える
- ☐ 幼児言葉で挑発することもたまには効果的

12 おしゃべりの多い子は「静かになった瞬間」がほめ時

注意よりもできたときをほめましょう。1日数回ほめることを継続すると，必ず子どもが変わってきます。

静かになった瞬間を見逃さずにほめて，よさを実感させよう

授業中，よくおしゃべりをする子がいます。そういう子に対して，教師になって3年目くらいまでは，「お前は，うるさいんだよ！　授業の邪魔すんな！」というようなことを言っていました（猛省）。

結果どうなったか。何もよくなりません。

私に叱られる恐怖から一時的に静かになるだけで，次の日にはまたしゃべります。また，その子と私の心がどんどん離れていくのを感じました。

そこで打った手が，静かになった瞬間にほめることです。

国語などで書く活動のときにおすすめです。書いているときは，どんな子でも静かになります。その瞬間をねらうのです。

「ねぇ，○○くん。今，しゃべった？　しゃべっていないでしょう。立派だね」

「○○くん，とても静かだね。授業中，しゃべるのと静かにやるのどちらが集中できる？（子ども「静かにやる方」）　でしょ？　じゃあ，その調子でやってごらん。えらい」

これを1日に数回やります。そして数週間続けます。

すると，その子の表情が変わってきます。先生に対する目つきも変わってくるはずです。他の場面でも，集中する時間が増えてくることでしょう。

静かになった瞬間を捉える。そしてほめる。このサイクルです。

ほめる・認める量＞叱る量　このバランスで関わろう

私語が多い子は気になります。先生が真剣に話しているときに，おしゃべ

ほめ時をしっかりキャッチしよう

りをされるとイラッとします。他の子の迷惑になります。こういうときは，毅然と叱ってよいと思います。

しかし条件があります。

それは，その子との日頃のコミュニケーションにおいて，「ほめる・認める量＞叱る量」となっている必要があるということです。

叱ってもよいのですが，その分他の場面でたくさんほめていないと，その子の自尊感情は下がってしまい，指導が入らなくなってしまいます。

だからこそ，静かになった瞬間を見逃さずにこまめにほめていくことが大事なのです。ほんの30秒静かにしたら，それをほめればよいだけです。小さなほめ言葉が蓄積していくと，子どもは変わります。

□ 私語が多い子は，静かになった瞬間を見逃さずほめよう
□ 「ほめる量＞叱る量」を意識して関わろう

13 話を聞く姿勢を育てる「王道スキル」

勝負は年度当初。話を聞く子を育てるためには「徹底的に聞かせる！」という覚悟が必要です。

■ 話を聞かなくてよいと教えているのは，実は教師？

　どうして，教師の話を聞かない子がいるのでしょうか？
　どうして，新年度当初は話を聞いていたのに，聞かなくなる子が出てくるのでしょうか？
　それは，教師の中に「話を聞く子を育てるんだ！」「自分の話を聞かせるんだ！」という思いが本当にはないからだということに気付きました。
　私は，話を聞いていない子を見逃してしまっていたのです。
　手いたずらをしている子をそのままにしてしまっていたのです。
　途中で割って入ってくる子を毅然と注意しなかったのです。
　「ちょっとくらいいいや」と思っていましたし，きつく注意して子どもから嫌われたくなかったし，子どもを規律でしばっているようで抵抗があったからです。
　が，実はこれが子どものためにならないと知り愕然としました。
　話を聞かないこと，手いたずらをすること，私語すること，途中で割って質問をしてくる子を注意せず許容し，黙認することで，子どもは「あぁ，話を聞かなくても途中で割り込んでもいいんだな。先生は注意しないし」と感じるようになります。そう学習してしまうのです。これを「ヒドゥンカリキュラム」といいます。教師が意図していないことを暗に教えてしまう「ヒドゥンカリキュラム」を極力排していかなくてはなりません。
　この自覚がなかった初任時代の学級は，６月ごろからわしゃわしゃ〜と騒がしくなっていき，説明や指示が通りにくくなった記憶があります。それにともない，まじめな子も話をあまり聞かなくなりました。

> #### 「ヒドゥンカリキュラム」って何？
>
> ヒドゥンカリキュラム（The Hidden Curriculum）は，「隠れたカリキュラム」とよばれています。「隠れていないカリキュラム」とは，教師の意図的，意識的な指導で，例えば学校の教育計画や各教科の指導計画のことです。反対に，「隠れたカリキュラム」とは，教師が意図・意識していないにも関わらず，それが暗黙のうちに子どもに伝わってしまうことです。例えば，教師がたびたび授業時間を引き延ばしたり，始業時間に遅れてきたりすると，子どもたちには「時間は守らなくてもよい」と思わせていることになります。また，だれかが話しているときに手いたずらや私語をしていても，教師が何ら指導をしないことが度重なると，子どもたちに「人の話は真剣に聞かなくてもよい」と教えてしまっていることになります。これらは悪い例ですが，よいヒドゥンカリキュラムもあります。教師が，いつも，どこでも，だれに対しても礼儀正しく振る舞っていれば，「人に対しては，礼儀正しくするものなのだ」ということが子どもたちに伝わっていきます。

本当に「徹底的に」聞かせる！

年度当初が勝負です。毎時間，毎分，毎秒，今ここが勝負のつもりでいましょう。徹底的に聞かせます。話を聞かせたい場面で，聞く以外の行動をとったときは，徹底的に，しつこく，細かく以下のように指導をします。

①私語　　　　→「先生が話しています。静かに聞きなさい」
②手いたずら　→「あなたに話しています。手はひざに置きましょう」
③途中の発言　→「質問は最後」「今は説明中なので最後まで聞く」
④注意散漫　　→笑顔でその子の目の前でささやくように話す。

子どもの話を聴こう

一方で，聞かせると同時に，聞くことも大事です。

子どもが話しているときは，マル付けの手を止めて，目を見て，うなずきながら話を聞いてあげましょう。子どもは，話を聞いてくれる人，「この人は僕の気持ちを分かってくれている」と感じる大人の話は聞くものです。

- ☐ 年度当初から，徹底して聞かせよう
- ☐ ヒドゥンカリキュラムを自覚しよう
- ☐ 子どもの話を聞くことで，子どもも話を聞くようになる

「聞く姿勢」マスターのための体験レッスン

学年当初や学期初めに必須の指導。ポイントは,「騒がしい状況」→「聞く姿勢」の「切り替え」を体感的に習得させることです。

まずは教える

　学年当初や学期初めに教えましょう。特に入学したての１年生を指導する先生には,大いに役立つと思います。１年生を例にして記します。
　「先生の話をしっかりと聞ける子は,勉強ができるようになるし,友達もたくさん増えます。だから今日は,お話をしっかり聞く練習をしましょう」と言います。

①　聞く姿勢

　まずは聞く姿勢を教えます。お腹と机の間にグー（こぶし）１つ,背中と背もたれにもグー１つ入るようにします。実際にやらせます。
　次に背中はピンとさせます。続いて,かかとをしっかりと床につけさせます。最後は,目は先生の目を見るように指導します。ここまで,全員ができたらほめます。

②　隣同士でおしゃべり　→　聞く姿勢

　聞く姿勢が分かったら練習です。
　「お隣さん同士楽しくおしゃべりをします。ただし,先生が黒板の前に立って,手を『パチン！』と鳴らして『はい！』と言ったら,聞く姿勢になりますよ」合図は,人さし指を口に当てて「しー」でもよいです。
　話題は好きなアニメでも,果物でも,保育園や幼稚園の話でも何でもいいです。１年生の場合は何か指定しましょう。
　これを数回繰り返します。やるごとに,「もっと大きな声で騒いでいいよ〜」と遊び心を示すと,子どもは盛り上がります。そして,「はい！」と言って,しっかりと聞く姿勢ができたらすかさずほめましょう。

2章 子どもがパッと集中する！授業のワザ74

前に人が立ったらさっと聞く姿勢に切り替え！

③ 自由に立ち歩いておしゃべり → 聞く姿勢

やり方は②と同じです。「今度は難しいよ～。できるかなぁ？」と言って意欲を高めます。

今度は自由に立ち歩きをさせて、話したいところへ行っておしゃべりをさせます。先生の合図で静かに自分の席に戻り、聞く姿勢にさせます。

これも、できたら思い切りほめます。

毎日，数回繰り返し，できるたびにほめることで定着する

この日だけで終わらせてしまっては定着しません。

②，③を実際の授業場面で行うのです。

それでできたら、「よく覚えていたね～先生はこんなに賢い１年生の先生になれて、本当にうれしいよ」などと言って、思い切りほめます。

これを継続していくと、一瞬で静かに注目する姿勢が定着します。

ここが
ポイント！
- ☐ 聞く姿勢を教える
- ☐ 騒がしい状態から，聞く姿勢になる練習をする
- ☐ 実際の授業で繰り返し，できるごとにほめることで，定着する

15 授業崩壊に効き目バツグンの予防薬「ほめる」言葉かけ

子どもたちのよい姿勢や聞き方などは必ず見逃さないように。「ほめて広げる」で荒れを防ぎます。

姿勢，態度，集中力はほめて広げる！

　姿勢のよさ，聞き方のよさ，集中している状態など望ましい態度は，ほめて広げるようにします。叱ったり，注意したりするよりも，子どもはやる気が高まります。教師もストレスがたまりません。

　そのためには，子どものよい状態（目を見て聞く姿勢，真剣な表情，無言で書いている姿など）をしっかりと捉える必要があります。

　教師が「あぁ，こういう状態がずっと続けばいいのになぁ！」と感じた瞬間がほめるタイミングです。私は以下のような言葉かけをします。

・「言われなくても，姿勢がよい人がいる。すばらしい！」
・「とても姿勢のよい人が３人います！」
・「きみは，分かっているね～」

と言いながら，姿勢がよい子やこちらに目線を向けている子に握手やハイタッチをしに行きます。

・「さすが○組（○年生），やる気が姿勢と目に出ているねぇ！」
・「背筋をピンと伸ばして，うなずきながら聞いてくれる！　うれしいな！」
・「だれもしゃべらないで，書くことができています。さすがだな～」
・「足をしっかりと床に付けている。だから姿勢がいいんだねぇ」
・「反対の手でしっかりと紙を押さえている。だから字が濃く大きく書けるんだね」

　そのときの状況に合う言葉かけ，自分に合った言葉かけを見つけて試してみてください。ほめるときは，声に抑揚をつけると子どもの反応が変わりますよ。例えば，静かな状況では，ささやくように小声でほめると効果的です。

2章　子どもがパッと集中する！授業のワザ74

叱るよりもほめる方がやる気もアップします

集中している状態のときに，ほめてそのことに気付かせる

　「集中しなさい！」と言われても，何をすることが集中することなのか分からない子がいます。「集中する」とはどんなことなのか，体験的に理解させる言葉かけを紹介します。

　わき目もふらずに，無言で学習に取り組んでいる瞬間を捉えて言います。
　「みんな一度鉛筆を置いて聞いてください。今みなさんは，とても集中していました。立派です。これが集中して学習するという状態です。これを1年間続けましょう。そうすると，とても賢くなり，勉強ができるクラスになります。『集中しよう』と先生が言ったら，この感じ，この雰囲気を思い出してください。集中するみんなの姿をみていると，とても気持ちがよいです。では，続けてください」

　このように，子どもが静かに集中している瞬間に，そのことを自覚させ，それはよいことだと価値付けるのです。すると，集中する状態がさらに定着するようになります。授業の「荒れ」を予防するのに役立ちます。

- [ ] ほめる言葉かけで，よい姿勢や態度を定着させよう
- [ ] 荒れ予防のための秘策は，静かに集中している状態を自覚させ，価値付けること

16 学習用具を出す際のザワザワをなくす「ほめるが勝ち」の先手必勝法

> できない子に注目しては指導が後手に。「視線,声かけはできた子に」が鉄則です。

先手必勝ほめるが勝ち！さらば！「ざわざわ」と「だらだら～」

　教科書,ノート,ドリル,筆箱などを出す前後に「ざわざわ」することはありませんか。

　私はよく,「どうして,いちいちしゃべる必要があるんだよ！」とイライラしながら思いました。と言うよりも,実際にそう叫んでいました……。

　なぜ「ざわざわ」が起きるのか考えたところ,私の対応が後手に回っていたということが分かりました。というよりも,何も指導をしていなかったことに気付いたのです。

　そこで,実践したのが「先手必勝でほめる」ということです。

　全体を待たずに,素早くきちんとできている子を認め,ほめるようにしました。できていない子ばかりに注目するのを止めました。

　すると,それに巻き込まれるように,他の子も学習用具を静かに,そして素早く出すようになりました。

　具体的には,次のような声かけをしました。

「用意をできている子,手を振って～！　すごい！　立派！」

「用意が早い人は大人です。先のことを考えられる賢い人です」

「置いた子は,背中をピンと伸ばします」

「机に出したものを触らないのがすごい！　ふつう１年生は我慢できずに,触っちゃうんだけどね～。さすがだなぁ～」

「先生に言われてないのに,待つ姿勢ができているもんね～！」

（待つ姿勢とは,ひざに手を置いて背筋を伸ばすこと）

「しゃべらないでできる人？　しゃべるのを我慢できない人？」と言って

できている子に注目しましょう

から，学習用具を出すように指示をする。

「10秒ですべてを用意できたら天才。10，9，8……。うわぁ，天才！」

■ 真面目に取り組む子をほめると，他の子がついてくる

　視線，声かけは，まずはできている子にするのが鉄則です。経験からそう思います。だから先手必勝なのです。

　できている子をほめたり，認めたりするからこそ，その子はよりやる気を発揮するようになるのです。学習における集中力にも波及していきます。

　すると，今度はまじめにやっていなかったり，ぼーっとしたりしていた子も，素早く無言で出すようになります。「自分も認められたい」「僕だって」と思うからです。

　反対に，遅い子を注意したり，全体を説教したりしていると，教師，子どもも不幸になります。真面目な子は「また説教ぉ？　私はきちんとやっているのに。もう嫌だぁ」と思い，遅い子たちは「うるさいなぁ。いちいち」と思い，教師と心が離れていきます。

　その結果，つまらなそうに「だらだら〜」とするのです。そしてまた説教……。この悪循環で，学級の雰囲気が荒れてくるのです。

- ☐ 先手必勝でまずほめるから，静かに，素早くなる
- ☐ 真面目にやっている子をほめるから，全体がついてくる

クラスの子どもを教師の味方に！鍵を握る「中間層の子」

目立つ子ばかりに意識がいきがちではありませんか？　まずはクラスの大多数の子に目を向けてみましょう。

目立つ子ばかりにいかない

　失敗談から。私は１，２年目時代，手のかかる子，目立つ子ばかりに意識が向いていました。手のかかる子とは，学力的に大変でなかなか授業に集中せず教師に反発する子のことです。目立つ子とは，学力が高く発言力のある子のことです。私がほめたり，叱ったり，近づいていったり，何かあると声をかけたりするのは，その子たちばかりでした。

　その結果，目立ちはしませんが，そこそこきちんとやっている大多数の子どもたちのことは，言い方は悪いですが，「放っておく」状態でした。ちょうどその頃です。学級全体がざわざわし，私の話を聞かない子どもが出るようになったのは。

　悩んでいるとき，ある先輩の先生が教えてくれました。

　「教室は大多数が普通の子たちなんだから，まずは多数派に意識を向けて味方に付ければ，ほとんどの場合学級はうまくいくよ」

中間層の子を積極的に味方にする！

　俵原正仁氏らも述べていますが，学級の子どもたちを分類すると，およそ以下のように分けられます。

```
２　：　７　：　１
Ａ　　　Ｂ　　　Ｃ
```

Ａは活発，優秀，教師好き
ＢはＡとＣの中間層
Ｃは低学力，無気力，反抗的

　目から鱗なのは，ここでＢの７割の子どもたちを味方に付けるということです。

2章　子どもがパッと集中する！授業のワザ74

優秀　　　　　　中間層　　　　　手がかかる

　私はAとCばかりに目が向いていました。だから，Bの子どもたちは「先生は，いつもAの子たちばっかり指名してつまらない」「先生はどうせCの子たちを注意するだろう。まじめにやっても損だな」と思い心が離れていったのです。
　7割前後いる中間層Bの子どもたちは，真面目に取り組むことがほとんどです。話も素直に聞きます。まずは，この子どもたちを味方に付けましょう。そうすれば，学級は安定します。私が実践した手立てをいくつか紹介します。
・休み時間には，意識的にBの子どもたちと遊ぶ。
・毎日一人一人に声をかけたり，握手をしたり，ハイタッチしたりする。
・よいところをみんなの前で言ってあげる。
・やっていない子よりも，まじめにやっている子を優先してほめる。
・学級通信に，Bの子どもについて意識して書くようにする。
・授業中，Bの子どもを意図的に指名する。
・Bの子どもの保護者に，その子のよいところを知らせる。
　このような実践で中間層の子どもたちを味方に付けながら，Cの子どもたちを注意したり，Aの子どもたちと関わったりすれば，Bの子どもたちが反発することはありません。

□ まじめにやっている子を優先する
□ 中間層の子と積極的に関わり，味方に付けよう
□ 中間層の子を「放っておく」と，学級は崩れる

騒がしい子もスッと落ち着く「黙想タイム」

黙想のメリットはこちら。
①集中力が増す ②我慢できるようになる ③落ち着く ④姿勢がよくなる

なぜ黙想?

1年生を担任していたときのことです。すぐに動いてしまったり,私語をしてしまったり,姿勢を保持していられない子が結構いました。

そこで,何とかこの子どもたちを落ちかせることはできないかと思案した結果,「黙想」が思い浮かびました。私自身が,学生時代に月に1度お寺に座禅を組みに行った経験を思い出したのです。座禅の後は,気持ちがスッと落ち着きます。学級でも黙想を取り入れることにしました。

私の考える黙想のメリットは次のとおりです。
①集中力が増す ②我慢できるようになる ③落ち着く ④姿勢がよくなる

黙想のやり方

趣意説明をします。学年に応じて変えてください。

「今日から,みんながもっと賢くなるお勉強をします。かっこいい姿勢で勉強できるようになったり,我慢ができるようになったりするからね。これはすごいよ〜 あぁ楽しみ。で,やってみたい?」

まずは姿勢を整えます。

机とお腹はグー1個,背中は手のひらが入る分だけ空けます。背筋はピンと伸ばします。足は両方床にピタ。手は「ももの上」です。「ひざの上」と言うよりも,実感がもてるようです。あごを軽く引きます。肩の力を抜きます。

「ぎゅ〜っ」と言って両肩を両耳にくっつけるように上げます。先生が「すとん」と言ったらふわっと脱力します。

次は呼吸です。腹式呼吸を教えます。まずは吐くことから。口から吐きま

2章　子どもがパッと集中する！授業のワザ74

息を吐いて……吸って……たった15秒でも気持ちが落ち着きます

す。鼻から吸います。「頭に浮かんだことはさっと消すように，何も考えずに呼吸します」と言ってもよいのですが，子どもには難しいです。だから「吐くときは，嫌なことが出ていく感じで。吸うときは，よいことが体に入ってくる感じで」と伝える方が分かりやすいようです。

時間は，初めは15秒からやります。できたらほめる。その後は1週間ごとに15秒ずつ長くしていきます。できたらほめます。

慣れるまでは，そっと姿勢を整えてあげたり，ほめてあげたりします。

慣れてきたら，「先生に触られなかったら，姿勢がよい証拠」と指示をします。終わったらきちんと評価をして，成功体験をさせましょう。

「先生に肩をポンと叩かれた人？　その人たちは，抜群に姿勢が美しかった。じぃ〜っとしていて，凍っているように全く動かない。すばらしいね」というやり方もあります。

終わった後に，「あぁ，疲れたぁ！」「ふー，終わった！」などと大きな声を出したりする子がいます。そういうときは，「今，黙想が終わった後，スッと静かに待てた人？　えらい。大人だね。落ち着いた気分で勉強できますね」と言えば，次回はみんな静かにします。

- □ 体で「静か」「落ち着く」「よい姿勢」「我慢」を知る
- □ 黙想自体が成功体験になるから，どんどん集中する

うれしさ10倍効果10倍！握手でほめる

言葉だけよりメリット大！ 子どもの自尊感情と集中力がアップ。「ほめどころ」を見極める教師の目も磨くことができます。

こんな場面で握手

ほめるときに，握手を取り入れてみましょう。子どもの反応が変わります。例えば，私は以下の場面で握手をしています。
・正解を言ったとき
・他の子がだれも思いつかないような考えを言ったとき
・机間指導中，ノートがしっかりと書けているとき
・友達に優しくしている瞬間を目撃したとき
・言われていないにもかかわらず，さりげなく人の役に立つ行動をしたとき
・がんばったとき
・100点をとったとき

その他，「おぉ！ すごい！」と思ったときは握手をします。
言うまでもなく，毎回やっているわけではありません。あくまでも特別なときです。

握手のメリット

実感としては，言葉でほめるだけよりも，たくさんのメリットがあります。

① **自尊感情が高まる**

握手をされてほめられると，子どもは「自分は本当にすごいことをしたんだ」と思えます。言葉よりも，ずしんときます。手の感触が伝わります。体で感じます。それが，すごく自信につながるようです。

② **先生の話を集中して聞くようになる**

人は，自分のことを認めてくれている人の話は聞こうとします。これは子

2章 子どもがパッと集中する！授業のワザ74

握手をしてほめると言葉よりもずしんときます！

どもにも言えることです。自分のことをしっかりと見てくれている先生の話は集中して聞くようになります。しっかりと見てくれているんだと思うと安心します。

③ よいと思う行動が強化される

握手をされた子は評価されたことがうれしくて、またその行動をとるようになります。握手のよいところはそれだけではなく、握手をされている子を見ていた周りの子どもたちが、その子と同じ行動をとるようになるということです。本来、どの子も先生にほめられたいのです。

④ 教師が自ら動いてほめるようになる

これは先生にとってのメリットです。握手をしようと意識すると、子どものよい点を積極的に探すようになります。ほめどころを見極める目が磨かれていきます。ほめるところを待つのではなく、ほめるところに飛び込んでいくようになります。飛び込むほど、子どものよい面に気付くようになります。

- □ やりすぎると先生の顔色をうかがってしまうので注意
- □ 学年，実態，子どもとの信頼関係に配慮して行う。高学年の場合は慎重に

20 子どもの心をがっちりつかむ 「ほめられ短作文」

> 自分自身のことも先生のことも好きになる一石二鳥の作文活動です。

■「ほめられ短作文」 ほめられたことを100マス作文に

　子どもの心を教師に向かわせるうえで，「こんなに簡単なやり方で，こんなに効果があるの?!」という方法を紹介します。

　まず，1人ずつ教卓の前に呼びます。名簿順でも，座席の順でも構いません。握手をしながら，目を見て，その子のよさを1つか2つ伝えます。その子が実際にしたこと，言ったこと，努力してきた事実を具体的に語ります。1人あたり30〜40秒ほどです。

　子どもは席へ戻ったら，教師から伝えられた自分のよさについて，①教師から言われたこと，②思ったことや考えたことを100マス作文に書きます（100マス作文の詳細は p.94〜参照）。

　子どもは，誤字脱字，主語と述語のねじれ，常体か敬体で統一されているかを何度も読み返し，推敲します。完成したら，提出させます。

　順番待ちの子，提出をした子は読書や視写（p.90〜）や成長作文（p.98〜）など自習をします。

　この実践は簡単に追実践できます。しかし，あらかじめ一人一人のよさを瞬時に言えることが必要です。握手をしている子を前に「えぇと，君のよさはね，うーんとね。そうだな……」となってしまうと，その子はショックを受けます。だから，一人残らず確実によさを伝えられるようにしておきましょう。

■「ほめられ短作文」のよさ

　自尊感情を高めさせるための工夫がたくさん仕掛けられています。

2章　子どもがパッと集中する！授業のワザ74

○○くんは友達にやさしいよね

○○さんは発表が本当に上手

一人ずつ握手しながらその子のよいところを伝えます

　まず，教師から自分のよさを伝えられることで自尊感情が高まります。「先生は，私のことを見てくれているんだ，認めてくれているんだ」と思うようになります。

　自分のよさを書いていくこと，書いた文章を読み返すことで，自尊感情はさらに高まります。読み返すのは，推敲する意図もありますが，それ以上に自分で書いた自分のよさを何度も読み返すことで，自信が付き，自分のことを好きになるというのが裏の意図です。

　作文が苦手な子も，直前にほめられたことを書けばよいので，「書くことがないよ」という発言は生まれません。

　1行程度のコメントを書いて返します。これがダメ押しとなります。自尊感情が高まります。自分のことも，教師のことも好きになるはずです。

　この実践は，握手をするのでぬくもりが伝わります。肌の触れ合いで愛着が生まれるので，その子との関係もよりよくなります。

　さらなる発展段階として，書いた100マス作文を発表させたり，学級通信にのせたりする方法もあります。

　ぜひ，お試しください！　子どもの先生に対する顔つきが変わりますよ。

- ☐ ほめられたことを書いて読み返すから，自尊感情が高まる
- ☐ 自分自身を好きになると同時に教師のことも好きになる

21 1分で聞く力がグングン伸びる おすすめトレーニング

1年生の集中力は数分。1日5分，3週間で効果が出るおすすめのトレーニング法をご紹介します。

■ 聞く力をどうやって育てるか

「1年生って，こんなに話を聞けないの?!」

初めての1年生担任をして驚きました。私の指示や発問が悪かったにせよ，もう少し聞けるのではないかな～っと悩んでいました。どうにかして，聞く力に特化して鍛える方法はないかと考えていました。そんなとき，サークルのメンバーが紹介してくれたのが『1分間集中トレーニング―教室でできる特別支援教育』(上嶋惠著，学陽書房) です。

読んでいくうちに，「これだ！」と思いました。私なりに必要なところを追実践させていただいています。今回はその一部を紹介します。

■ 集中トレーニングのよさ

毎日3～5分やってみて2，3週間で効果が出ました。次のとおりです。
・実によく聞くようになる。
・集中する。
・聴写が正確にできるようになる。
・反応・動作が早くなる。

■ 集中トレーニングのやり方

私は，マルを付け終わった後の算数プリント (「マル付けの詳細」p.112～参照) の裏に書かせています。必要な道具は鉛筆と赤鉛筆です。

① **数字の聴写**

数字をランダムに，例えば「5，1，12，9……」と言っていきます。最

毎日のトレーニングで集中力がつきます

初は5個程度，慣れてきたら10個程度はできます。10個程度言い終わったら，先生は答えを言います。子どもは各自マルをします。

慣れてきたら負荷をかけます。「言った数字，たす1」と指示するのです。「5」と言ったら，子どもは6と書きます。これも10個程度を2セット程やります。さらに慣れたら「たす2」「ひく1」「ひく2」「1，3，5，7，9などの奇数だけ」なども取り入れます。

② **言葉の聴写**

五十音をランダムに言っていきます。先生が「げんき」と言ったら「げんき」と書きます。3，4文字の言葉がよいでしょう。数字と同様，5個〜10個程度言ったら答え合わせをします。慣れてきたら，あ行（さ行，ら行）は書かないなど負荷をかけます。

反対言葉もおすすめです。これは黒板も使います。「さみしい」と板書します。子どもは「たのしい」「うれしい」と書きます。答えはいくつか認めます。「うえ」なら「した」と書かせます。1問10点，10問100点満点で評定します。楽しく，集中して聞く力が身に付きます。

- 数字や言葉を言う速さは，真ん中より少し遅めの子に合わせる
- 小さな成功体験が，ものすごい集中力と聞く力を生む

22 チャイム着席に効果抜群の「五色百人一首」

> チャイムと同時に勝負がスタート。「いなきゃ損！」と思わせる仕掛けで，自然とチャイム着席が身に付きます。

■ チャイムと同時に札を読み始める！

　初任者の頃，ある先輩に相談をしました。「先生，何か授業中，私語でわしゃわしゃして落ち着かないんですよ」すると先輩は，「百人一首がいいよ。一発で落ち着くよ。学級がまとまるから」

　さっそく，五色百人一首を取り入れました。効果てきめんです。集中力が高まりました。

　五色百人一首は，1回の対戦で使う札が20枚なので，2，3分で終わります。右ページの図のように，勝った子は席を1つ前へ，負けた子は1つ後ろへ移動します。札は私が読みます。相手がいない場合は不戦勝とします。つまり，欠席の場合は負けとなります。

　子どもたちは相手に勝つために，集中します。目の前の子に勝ちたいので，真剣になります。

　最初に「先生の札を読む声が聞こえないと，みんなが困ります。だから，おしゃべりをした人は，1回休みとします」と伝えておきます。このルールを徹底すれば，どんな学級でも静かになります。

　しーんとして，風の音しか聞こえなくなります。

　ここでも，「あれ」が効きます。そう，「あれ」とは「学級の荒れを予防する方法」です（詳しくはp.40〜参照）。

　「こういうふうに，静かに真剣になっている状態を『集中している』といいます。きみたちの集中力は素晴らしいです。授業はこのように集中して行います。立派です」とほめて広げます。

　この五色百人一首を授業の導入に生かさない手はありません。

2章 子どもがパッと集中する！授業のワザ74

チャイムと同時に対戦がスタート！

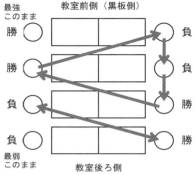
1回戦目の結果が上記場合，2回戦目には，矢印のごとくに移動する。最強の2名は黒板側，最弱が後ろ側。最強の一人，最弱の一人は移動せず，それ以外の子は必ず一座席分移動する。引き分けならじゃんけん。

不戦敗をしたくないから，みんなが座る

　慣れてきたら，子どもたちに告げます。
　「次回から，授業のはじめに百人一首をします。チャイムと同時に読み始めます。目の前に人がいなかったら，読まれた札をどんどん取ってしまって構いません。チャイムをきちんと守る人は得するからね〜」
　次の国語の時間，告げたとおり，チャイムと同時に読み始めます。
　2, 3枚札を読んだらきちっと評価をします。
　「チャイムを守った君たちはえらい！　だから，こうやって楽しく集中して百人一首ができているんですね。次回もぜひ続けましょう。すばらしい！」
　これを数回繰り返します。すると，ほぼ全員がチャイムの前に準備して待っているようになります。チャイムと同時に「いなきゃ損」「いれば得」という気持ちをうまく利用するわけです。
　※五色百人一首の詳細は東京教育技術研究所HPへ

- □ 百人一首で「集中する状態」を教える
- □ チャイムと同時に始めることで，全員が着席をする

23 一気に授業に引き込む「いきなり活動」の仕掛け

チャイムと同時に子どもが集中するためには，授業前の仕掛けが重要。ポイントは「プリント配布」と「板書」です。

始まってからでは遅い！ チャイム前に仕掛けを！

子どもを集中させるために，授業が始まる前に「仕掛け」をしておくのです。仕掛けには，プリント配布，板書があります。

① **漢字プリントの視写**

既習の漢字プリント（50問～100問）をチャイム前に配布しておきます。チャイムと同時に「よーい，スタート！」

問題数に応じて制限時間を変えます。およそ3～5分程度がよいでしょう。毎回記録を取るか，どこまでできたのか本人に覚えさせます。答えを別刷りして渡し，見ながら書かせてもよいです。丁寧にひたすら書かせます。

これを繰り返すと，漢字テストの平均点が90点を楽に超えます。

② **漢字ゲーム（向山洋一氏の実践）**

口と板書しておきます。チャイムと同時に指示をします。

「口に二画たして漢字を作ってごらん。5個書けたら持ってきなさい」

東と板書しておきます。同じく指示をします。

「東の中に隠されている漢字を書きます。時間は2分。よーいスタート！」

これだけで一気に集中します。

③ **漢字速読（詳細は p.80～参照）**

教科書の後ろに載っている漢字一覧表や漢字ドリルの文章を高速で読ませていきます。1分でどこまで読めるのかタイムを計ると集中します。毎回記録を書かせたり，どこまで読めたか確認したりします。ごまかし防止のため，大きな声ではっきりと読ませます。

④ **漢字小テスト（詳細は p.82～参照）**

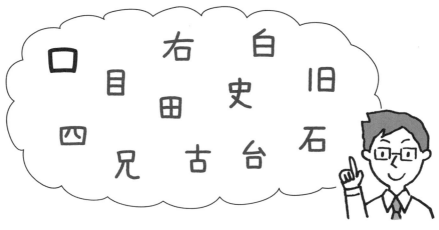

「口」に二画たして漢字を作ろう

　これも事前に配布しておき，チャイムと同時にスタートします。ただし，テストをすることは予告しておきましょう。

⑤　100マス作文（詳細はp.94～参照）

　これも事前配布です。テーマは前もって板書しておきます。チャイムと同時にスタートです。

■ モノがあれば，あとは簡単な指示だけ

　このように事前に仕掛けをしておけば，あとは指示を出すだけです。モノがあるため，何をするのか明確です。だから，子どもは集中します。

　導入で長々と本時のねらいを説明したり，前時の話をしたりするとダレてしまいます。導入では，教師が長く話すよりも，いきなり活動をさせた方が一気に授業モードにスイッチを入れることができます。

- □　導入では長々説明せず，チャイムと同時に活動させよう
- □　モノがあるから簡単な指示でOK
- □　事前に板書したり，配布したりする仕掛けで一気に集中モード

24 夏休みの絵日記を3倍活用！ スピーチ編

「せっかく書かせたけど……」とは言わせない！　事前練習で楽しくスピーチできるようになります。

■ 絵日記の発表を意味ある学習に……

　夏休み中，絵日記を書かせる学校が多いと思います。特に低学年では。そして，どの学級もコメントを書いて廊下に貼り出すでしょう。また，一人ずつ発表をさせる先生もいるかと思います。

　しかし，発表をやらせてみると，「棒読み」。楽しかったはずなのに「暗い」。一言で言うと楽しそうじゃないのです。発表がうまい子はうまいし，苦手な子は苦手なままなのです。

　やらせるたびに，「これって意味あるの？」と感じてきました。しかし，これは言うまでもなく，子どものせいではなく，私の日常指導の責任です。このことを分かっていても，私にとって話す力を一人残らず伸ばすのは至難の業でした。とは言っても，せっかく書かせた絵日記を生かしてスピーチに自信をもたせたいです。そこで，生み出したのが以下の実践です。

■ 練習させればよいのだ！

　2学期の始業式の日。発表に向けて，1時間授業をします。

　明日から絵日記の文章を発表することを伝えます。

　はじめに「かっこいい発表の仕方って，何を大事にするんだろう？」と発問します。だいたい出るのが，口（大きな声），目（みんなの目を見る），顔（笑顔）です。実態によっては，先生が下のように評定基準を伝えてもよいです。

A：暗記するかチラっと原稿を見るくらい。目，顔を意識している。
B：原稿を見続ける。声は大きい。
C：原稿を見続けて声が小さい。

楽しい体験だったのに発表の表情が暗いこと，ありませんか？

　その後，絵日記の文章を別の用紙に丁寧に視写させます。書けた子どもから，評定の基準を意識して音読練習させます。

　用紙は持ち帰らせ，宿題でさらに練習させます。この日はこれだけしか宿題にしません。「他の宿題で忙しくて練習できなかった」という逃げ道をふさぐためです（笑）。

　先生はその日の放課後に，日記にコメントを書いてしまいます。

　翌日から４人ずつ発表します。立候補制で，じゃんけんに勝った子どもからやります。もちろん，練習してきた子は思い切りほめます。

　このとき，「苦手な人，自信がない人からやってごらん。自信満々で，みんなにじっくりと自分の発表を聞かせたいという人は，一番後まで待っててください」と言うと，手を挙げる子が増えます（笑）。

　いつまでも手を挙げない子がいます。その子には個別指導の時間を取りましょう。最初は任意の募集型です。来なければ，強制型にします。休み時間を使って，すらすら声を大きく読ませるように自信を付けさせてあげます。

　（聞く側の指導については，p.38～39，p.62～63をお読みください。）

□ 発表の前の日に，視写をさせて練習をさせれば自信が付く

25 夏休みの絵日記を3倍活用！
クイズ・ペアトーク・質疑応答編

> スピーチだけじゃもったいない！　楽しい思い出をみんなで共有。さらに盛り上がるおすすめの活動。

■ 聞く側を集中させたい

　夏休み絵日記スピーチの続編です。
　発表者が終わった後，どうしていますか？
　ただスピーチをさせて終わりでは，もったいないです。スピーチの後に何もしないとなると，集中して聞かない子が出てきます。
　そこで，3つ提案します。
　①クイズ，②ペアトーク，③質疑応答です。

■ 聞く側を集中させる3つの活動

①　クイズ

　発表が終わったら，先生がクイズを出すのです。
　絵日記に出てくる人，行った場所，食べたもの，体験したこと，見たものをいくつか質問するのです。これだけでも，グッと集中するようになります。
　質問の内容はころころ変えるのではなく，固定した方がよいでしょう。例えば，「○○さんが行った場所はどこですか？」「だれが出てきましたか？」「何をしましたか？」の3つをクイズにしようと決めるのです。こうすると，子どもに聞く観点が入ります。「人，場所，やったことを聞けばいいんだな」と分かるのです。学年，実態に応じてクイズの数は調整します。

②　ペアトーク

　発表が終わったら，隣同士で今の発表について話し合います。すると，質問が豊富に出てくるようになります。手を挙げる子どもが増えます。「どうやって質問をしてよいのか分からない」という子も質問できるようになります。

聞き手も参加すると盛り上がります

　実際に子どもにも聞いてみたところ，「ペアトークがあった方が質問をしやすい」そうです。質問することに自信がない子が多い学級では，特におすすめです。

③　質疑応答

　発表が終わったら「質問はありませんか？」と質問をさせます。質問をさせている学級は多いと思います。しかし，次のような質問が多くないでしょうか。

　「楽しかったですか？」「おいしかったですか？」「また行きたいですか？」

　すべて「はい」で答えられる質問です。これをクローズクエスチョンと言います。こればかりでは，おもしろくありません。

　だから私は，以下の質問話型を用意します。スピーチの時間はずっと提示しています。

　「他には～～？」「一番～～は何ですか？」「どんな～」「どのくらい～？」「例えば～？」「何匹～？（数字を尋ねる）」。これらをオープンクエスチョンと言います。答え方が多様なのです。この話型に当てはめれば，どの子も質問ができるようになり，楽しく聞くことができるようになりますよ。

- □　発表後のペアトークで，どの子も質問できるようになる
- □　スピーチ後の質問は，オープンクエスチョンで盛り上げる

26 「悪い聞き方」体験で「よい聞き方」が分かる?!

「しっかり聞きなさい!」より100倍の効果。聞いてもらえない悲しさを体験すれば,友達の発表をしっかり聞くようになります。

■ 小言や注意ではなく実感と実体験を

初任者時代の授業中。「話はしっかりと聞きなさい」「話している人に失礼だろう!」「自分だったらどう思う?」

私の話も友達の話もきちんと聞いてほしくて,よく言っていた言葉です。

が,ほとんど改善は見られませんでした。こんなことを言わなくても,聞いている子はもとから聞いているし,「あなたに言っているんだよ!」という子は1分経ったら元に戻ります。

その頃の私は,子どもは実感して納得したときに行動を変えるものだということを知らなかったのです。実感をとおして聞き方を指導する方法を紹介します。

■ 発表テーマ「自分の成長」

「自分が成長したことを発表します」と指示をします。話型に沿って発表をします。成長はみんなに聞いてほしいテーマです。

1年生なら「私は,ひらがなを上手にかけるようになりました。そのためにたくさん練習したからです」。2年生以上なら「私が成長したことは3つある。1つは〜」というように例を出します。いきなり本番だと厳しいので,練習をします。1人で3回,隣同士で1回やります。

■ 2通りの聞き方で聞いてもらうと……

発表前に発問をします。「よい聞き方とは,どんな聞き方ですか?」

教師側から提示するのではなく,子どもに思考させ,意見を引き出す方が

悪い聞き方をされるとどんな気持ちか……前に出てみるとよく分かります

この場合はよいです。①目を見る，②体を向ける，③手はひざ，④拍手。

次に悪い聴き方です。①目を見ない，②おしゃべり，③手遊び。意見はすべて板書します。

そして発表です。「では，一人ずつ前に出て発表をしますが，1つ追加します。2回発表します」「えっ？」という空気になります。すかさず言います。「聞く側は，初めに悪い聞き方。2回目に，よい聞き方で聞くようにします」本気でやらせます。

一人ずつ前に出て発表をします。

悪い聞き方は，こわいくらいの荒れっぷりです。まさに「崩壊」です。

発表者は直前まで，笑っています。が，悪い聞き方をされると，表情が一変します。「えっ……」という困惑した悲しい顔つきになります。

そして，よい聞き方をされ，安堵の笑みを浮かべます。この体験が大事なのです。実感をともなう体験的な学習は心身に沁みわたります。

よい聞き方，悪い聞き方の二通りの方法で発表を聞かれるという体験を通して，人が話すときにはよい聞き方で聞こうとする態度が育ちます。

- □ 子どもが話したくなるテーマほど，実感が強くなる
- □ 最後に感想を書かせて発表させるとさらに定着する

27 飽き知らずで楽しく集中！おすすめ音読バリエーション

> 音読は大事！　でもいつも同じ読み方では子どもたちも飽きてしまいます。様々な音読の仕方をストックしておきましょう！

■ 音読バリエーションをたくさんもとう！

　音読は大事です。国語科はもとより，どの教科も教科書やテストの問題文は日本語で書かれているからです。音読によって内容が理解しやすくなります。しかし，音読の方法が毎回同じ方法では飽きてしまいます。そこで，私が今まで実践したり，教わったりしてきた方法を紹介します。

① 一文交代読み

　先生と子ども，男女，教室の廊下側と窓側など規模を変え，一文ずつ交代で読んでいく方法です。初期におすすめです。

② 二人読み（隣同士で一文交代読み）

　①は一人だけでは読みませんが，ここでは自分が読まないと隣の子が困るため手を抜けません。息を合わせる力も身に付きます。

③ マル読みⅠ（一人ずつの一文交代読み）

　一人ずつ順番に一文交代で読んでいく方法です。緊張感があり集中します。しかし，次の番が来るまで集中しない子が出てくることも……。その対策として次のマル読みⅡを考えました。

④ マル読みⅡ（一人→全員→一人→全員→一人……の交代読み）

　③のマル読みと違い，これは一人の後に全員が読みます。その後に次の子，また全員，次の子，全員というように，次の子に行く前に全員で読むため，集中が途切れません。が，全員での音読が入るため，時間はかかります。

⑤ 間違え読み

　教師がわざと間違えて読みます。子どもは，間違えた箇所を正しく読んでいきます。低学年では，間違いなく盛り上がります。

「間違え読み」は子どもたちもワクワクで読みます

⑥ たけのこ読み

　自分が読みたい文のところだけ立って音読するという方法です。読みたい箇所を自分で選ぶことができるため，「読まされている感」を感じずに読めるようです。

⑦ マル読みⅢ（教師の評定で鉛筆を増やす・減らす）

　マル読みⅠと形式は同じですが，一人ずつ明確な評定が入るところが異なります。これは群馬県の深澤久氏から教えていただいたものです。

　音読前に鉛筆を3本出して置かせます。正しく，ハッキリ，スラスラと読めている子には「1本！」，朗読できている子には「3本！！」というように，ねらいに応じて鉛筆を増やします。反対に読み間違えたり，どこを読むのか見失ったりした場合には「2本減らす！」と言います。このスリルがたまりません（1年生にはやりません）。

　一人あたり2，3回は読めるようにします。

　最後に，何本だったかを記録させます。日付と本数です。継続していくことで，自分の音読力の向上が数値化され自信につながっていきます。

　子どもたちはこの方法をとても好みます。

□ たくさんのバリエーションをもち，楽しく音読指導をしよう
□ 実態に応じて，組み合わせることができる

28 みんなの前で堂々と読めるようになる「音読ステップ」

> スモールステップで取り組むから、自信をもって人前で音読ができるようになります。

「わたしも読めるようになりたい」⇒「わたしも読める！」

どの子も音読表現を楽しみたい、堂々と人前で音読できるようになりたいと思っています。それができない最も大きな原因は、自信のなさです。自信がないから、怖くて、嫌で、恥ずかしくて、あきらめているのです。自信は読む力とともについていきます。自信をもたせるには読む「実力」を高める指導が必要です。

そこで、人前で堂々と読みたくなる指導を紹介します。学年や実態に応じて取捨選択してください。柔軟に応用できるかと思います。

「全体⇔班⇔ペア⇔個」のスモールステップ

全体、班（6人）、ペア、個という順で段階的に人数を減らしていきます。

① **全体**

学期当初～5月中旬は全員でたくさん音読します。飽きないように、様々なバリエーションを使います（詳しくはp.64～参照）。

この段階の目標は以下のとおりです。

・音読って「楽しい！」「気持ちいい！」と感じる。
・大きな声とスラスラ読みができる。　・（短い詩などを）暗唱できる。

何より先生が豊かに生き生きと表現を楽しむことが、表現好きの子どもを育てます。「読ませよう！」よりも「子どもと一緒に読みたい！」という意識の方がずっと大事です。この時期はダメ出しをせず、笑顔でほめるようにしてやる気を高めましょう。ここで潰れると立ち直れませんので。

② **班で全員一斉に読める→班で一人ずつ読める**

2章 子どもがパッと集中する！授業のワザ74

班で練習してから…

班全員で一斉に発表

5月中旬から，班での音読練習，発表を加えていきます。発表は前に出て行います。ちなみに，5月以降も全員で音読することを止めるわけではありません（物語文など長文，初めて読む文章，これまでの復習など）。

班音読では，班全員で一斉に声を出す読み方に慣れてから，班で一人ずつ声を出す読み方へ切り替えた方が負荷は少ないです（班での練習，発表の仕方についての詳細はp.26〜27，70〜71参照）。

この段階の目標は以下のとおりです。
・人前で音読を表現することに慣れ，自信をもつ。　　・班で協力する。

③　ペア→個人

6月頃から（班での発表会を1，2回やったら）ペアの練習，発表を加えていきます。ペアでの発表会が一巡したら，下のように問いかけ（挑発？じらし？）ます。

「まさか，一人で音読できる，一人で読みたいって言う人はいないよね？」

半数以上が手を挙げたら，発表させてよいでしょう。それ以下の場合は，ペア読みに戻り，さらに自信を高めましょう。

自信を付けながら，負荷を高めていくことで堂々と読めるようになります。

□ 段階的に人数を減らすことで，発表に慣れる
□ 自信がもてるまで，楽しく，じっくりほめて伸ばそう

よい例とダメな例の比較で音読ポイントが一目瞭然!

言葉で説明するより実際にやってみせることが一番! よい例とダメな例を実演すれば,子どもたちもひと目で理解できます。

■ 音読のポイント探し!

音読のポイントを教えたいときに有効な技です。

先生があらかじめ,「こういう音読のポイントをおさえたい」という意図をもっていることが前提になります。例えば次のようなポイントです。

「声を大きくしたい」「ハッキリ読ませたい」「表情を豊かに読んでほしい」「体を使って生き生きと読ませたい」「視線を意識させて堂々と読ませたい」「登場人物になりきってセリフを読ませたい」などです。学年や実態によりますが,一度に教えるポイントは1～3つがよいでしょう。

■ 指導の流れ

今回は,以下の2つのポイントを押さえる指導の流れを紹介します。
・大きな声で読むこと　・表情を豊かに読むこと

① **ダメな例から**

文章は2,3文でよいです。詩でも,物語文でも構いません。

まず先生がわざと下手に読みます。口をほとんど開けず,ぼそぼそ小さな声で読みます。また,顔は無表情でつまらなそうにします。特に目を細めると分かりやすいです。これをAとします。

② **よいお手本**

次に,ポイントをおさえた読み方をします。口を開き,大きな声ではっきりと読みます。顔は,目をパッチリとあけて,頬の筋肉を上げて,少しあご(というか首)を動かしながら表情豊かに読みます。これをBとします。

③ **比較させる**

A（ダメな例）　　　　　　　B（よい例）

「どう？　AとBは同じ？　違う？」と問います。子どもたちはすかさず「違う！」というはずです。「どちらがよい？」「B！」「じゃあ、どこか違うか見つけてごらん」と言って、もう1回やります。「わかったー！」、Aをやっている最中、「あれはダメだよー！」など子どもたちは集中して考えています。

ここではまだ答えは言わせません。なぜでしょう。

全員に（一人残さず）理解させたいからです。ここで答えられるのは勘のよい子どもたちで学級の半数程度でしょう。また問います。「分かった人？すごいね。実は、違う所が2つあるんだよ。Bにできていて、Aにできていないところが2つあるんだ。よ〜く探してね」

またAとBをやります。全員が分かるまで2、3回やってもよいでしょう。

④　違いを発表させる

発表させます。何度もやって見せて、考えさせているため、ほとんどの場合、正解が出ます。2つとも出たら「じゃあ、みんなもやってみよう」と練習します。できている子をほめ、みんなの前でやらせます。また練習します。

□ 次時以降、2つのポイントを意識して音読するとぐんぐん定着する
□ 「ほら,もっと大きな声を出して！」「何か棒読みだよね。もっとさ,笑顔でさ,よい表情で読もうよ」と口頭で指導するよりも効果が高い

30 「評定方式」で表現がグングンよくなる！班対抗の音読大会

声，体の使い方，視線，表情を評定方式で競うことで，やる気も表現の技能もダブルでアップします。

■ 表現豊かな音読の前提条件

　表現豊かな音読をするうえで，視線，体の使い方，声の大きさ，表情は大事です。視線が下がったり，きょろきょろしたり，体や表情が硬直していたり，声が小さかったりしては，表現以前の問題です。

　視線に力をもたせ，体をうまく使い，表情を意識し，きちんと聞こえる声を出せることが，音読表現の前提条件です。

　そこでどのようにして視線，体，表情，声などの技能面を伸ばすのか考えました。それが評定方式です。

■ 評定方式を使った指導

① やり方（右ページの写真も合わせてお読みください）

　班で音読を発表します。発表ごとに，教師が10点満点で評定します。最終的に，点数を多く取った班が勝ちです。5班編成の場合，1位〜5位まで順位が出ます。練習（2，3分間）と本番を3回ほど繰り返します。

② 指導の規模

　個人ではなく，班でやります。鍛えられた学級でないと，個人だと緊張したり，不安が出てしまったりして盛り上がらないからです。

③ 観点の数

　初期のころは，観点を1つか2つだけに絞ります。例えば，「声」と「表情」などです。慣れてきたら（1，2か月ほど），2つや3つの観点を入れて評定をします。

④ 作品

2章 子どもがパッと集中する！授業のワザ74

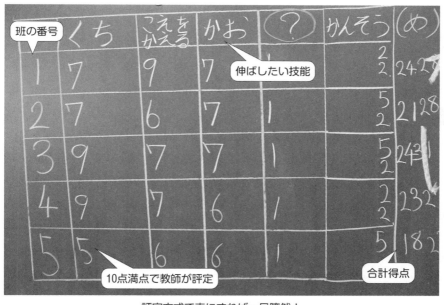

評定方式で表にすれば一目瞭然！

　基本的に，どの班も共通の作品にします。他の班と比較検討がしやすいからです。同じものを読むからこそ，子どもたちの中に「あれは，いいんだ」「あれじゃあ，だめなんだ」という観点が入るのです。

⑤ 評定方式のよさ

・班対抗のゲーム感覚が楽しい（心地よい競争心で盛り上がる）。
・10点満点だから，2回戦目に向けて，班練習でどこに力を入れればよいか分かる（努力の方向性が明確）。
・観点が示されているので，どの力を伸ばすのかが明確（目標が明確）。

□ 読む範囲は4〜6人班で2〜4ページ程度が適当
□ 発表後が最もやる気になり，技能が伸びるので，2，3回は発表と練習をくり返そう

31 討論・話し合いが活発になる「○×発問」

> 答えは本文の中に必ずある！　だから何度も読み返して，本文を根拠にした話し合いができるようになります。

■ 討論に向けた初歩の指導　○か×かとその理由

　自分で読みとり考えたことを発表する力，討論する力を伸ばすための一つの指導方法を紹介します。

　討論や話し合いを活性化させるための最もシンプルな方法は，Aか非Aで問う発問です。それを私は分かりやすく，「○×発問」と言っています。

　まずは，○か×か自分の立場を決定させます。それから，その理由を書かせます。話型を記します。「○です。理由は2つあります。1つは～からです。2つは～からです」これが初歩の型です。この型が身に付けることが，討論への入り口となります。

　○×発問のよさは，どの子どもにも書かせたり，発表させたりすることができる点です。やり方が明確なので，国語が苦手という子も取り組むことができます。

■ あらすじを押さえる○×発問

1年生『おおきなかぶ』

　「かぶは5人（匹）でぬいた。○か×か」

　あらすじを確認するときに，上のように数字を変えたり，時間や場所を変えたりすると集中して考えます。

■ 細部を読み取らせる○×発問

1年生『おむすびころりん』

　「おじいさんは，おむすびを全部で2個穴に入れた。○か×か」

○か×かで自分の立場を決定させると討論が活性化します（看板は持ちませんが…）

低学年の物語教材『お手紙』

「かえるくんは，がまくんの家に戻るとき，走って行った。○か×か」

○か×か立場を決めさせたら，「では，その証拠を教科書から探して書いてごらん」と言うと，熱中して答えを探します。しっかり読めば「あぁそうか」と気付ける発問は，子どもをより集中させます。

活発な議論になる○×発問

6年生の『川とノリオ』

「最後の場面までに，ノリオは母の死を知っていた。○か×か」

5年生の『大造じいさんとガン』

「大造じいさんが最も大きく心が揺れ，気持ちがガラッと変わったのは，銃をおろした場面である。○か×か」

意見が分かれる発問は，議論が活性化します。本文から根拠を探すだけではなく，解釈も必要になってきます。意見が分かれる発問を考えましょう。

- □ 1時間の授業に2，3つ○×発問を入れると，あらすじの確認になる
- □ ○×発問だから，どの子も発表に参加できる

話し合いが活性化する！
意見交流の「作戦タイム」

> 自分の意見が確認できたら，さぁ席を立って友達と交流！ 意見もふくらみ，立つことでストレス発散もできます。

■ 作戦タイムに意見を交流

　意見が2つ（以上）に分かれる発問をした後におすすめの技です。
　例えば，以下のような発問です。低学年教材『お手紙』より。
　「かえるくんは，かたつむりくんの足が遅いことを知っていた。○か×どちらでしょう？」（意見が分かれる○×発問については，p.72～参照。）
　まずは，自分の意見はどちらなのか，立場を選択させます。挙手をさせ分布を確認します。次に，ノートに理由を書かせます。1年生の場合は線を引かせたり，指で押さえさせたりします。書かせる場合は最低でも5分取ります。
　全員が自分の意見をもつことができた後，意見交流（作戦）タイムを取ります。やり方は簡単です。
　自由に立ち歩いて意見交流をするだけです。ノートに意見を書かせた場合には，ノート・教科書を持って交流させます。書かせていない場合は，教科書だけを持って意見交流させます。
　指示は次のようにします。
　「今から作戦（意見交流）タイムを取ります。○の意見の人？ ×の意見の人？ 同じ意見の人同士で交流します。友達の意見を聞いてなるほどと思ったら，自分の意見に付け加えてよいです。人の意見をどんどん聞いて，自分の考えを増やしましょう。椅子をしまってどうぞ」
　全員が自分の意見をもっているため，ふざけることはありません。
　作戦タイムは，討論が白熱し，煮詰まってきたときに，途中で入れることもあります（作戦タイムの打ち切り方は，p.24～参照）。

自由に席を立って作戦タイム！

友達と交流して新たな意見を発見！

3つのメリット

① 意見がふくらみ，話し合いがさらに楽しくなる

同じ意見の子と交流するので，自分が気付かなかった意見と出会うことがあります。作戦タイムが終わった後，それをノートに書き足す時間を取ります。そうすることで，意見をふくらませることができます。話し合いのときに自信がもてるようになり，楽しさが増します。

② 意見を書けなかった子が書けるようになる

交流タイムで初めて「あぁ，こうやって書けばよいのかぁ！」と分かる子どもがいます。教師の説明に加えて，友達の意見を聞いたり，読んだりすることで，より具体的に分かるようになるようです。

③ 立ち歩くことで気分転換になり，さらに集中力が高まる

じっと座り続けていると疲れます。自由に立ち歩く時間を設けることで，ストレスが発散されます。作戦タイムの後に，書いてまとめたり，話し合ったりすると，座り続けていたとき以上に集中力が発揮されます。

ここがポイント！
- ☐ 討論，話し合いの前に意見交流の時間を設定しよう
- ☐ 話し合いが得意な子にも，苦手な子にも，多動の子にも効果大

33 「動と静」の組み合わせで新出漢字も楽々習得

立って音読・座って指書き……動きがあるから集中して取り組めます。

■ 新出漢字のシステム

① **新出漢字の読み方，使い方，意味，熟語**

起立した状態で，漢字ドリルをあごの高さまで両手で持ち上げさせます。顔を上げさせるためです。これが基本姿勢です。顔が下がると声もやる気も下がります。姿勢がビシッとすると，集中力も高まります。

例えば，「火」という新出漢字。

先生「『ひ，か』を音読します！」　**子ども**「はい！」

先生「火をけす」**子ども**「火をけす」　**先生**「火ようび」**子ども**「火ようび」

子どもは先生が読んだとおりを元気よく2回読みます。声をそろえて一斉に読みます。次に，個人で早口で3回読んだら座ります。

一斉に読ませたり，早口で読ませたりすることで，使い方や意味を理解させます。

慣れてきたら，先生の代わりに子どもに読ませてもよいです。読みたい子に挙手させて指名することで，やる気と集中力も向上していきます。

② **座って指書き（書き順を言いながら）**

音読が終わったら指書きです。机半分の大きさに，人さし指で「火」を書かせます。

一画ずつ力強く書かせます。書き順を言っている子をほめて全体に広げていきます。

③ **全員で空書き（書き順を言いながら）**

次に立って空書きをします。空中に大きく「火」を書くのです。

これも書き順を言いながらやります。先生は鏡文字を書いたり，板書した

2章　子どもがパッと集中する！授業のワザ74

みんなで一斉に空書きします！

「火」を指でなぞったりしながら，声をそろえて書いていきます。

　全体で5回ほど書いたら，2列ごとにやらせ評価をします。できていれば短くほめ，できていなければもう一度やり直しです。

④　**なぞり書き・写し書き**

　ドリルの字をゆっくりと丁寧に書かせます。

　途中，そっと「姿勢いいね〜」とか，「反対の手で押さえているから，濃く大きな字が書けるんだね」などほめて回ると，よさが全体に広がっていきます。

⑤　**先生チェック**

　実態によりますが，低学年の場合はドリルを持って来させます。丁寧さ，大きさ，形を評価するためです。

　高学年の場合は，書き終わった子のところへ行き，さっとマルを付けることが多いです。集中しているため，ほぼ全員濃く大きく丁寧に書けています。

□　鉛筆を持つ前に，机や空中に手でたくさん書かせる
□　大きな声の音読や立って空中に書く空書きなど，「動」の活動が組み込まれているから，最後はしっとりと静かに集中できる

ドリルやプリントでやる気が一気にアップする「先生チェック」

先生に見せることが一つの目標に。直しは活動直後が効果的。ほめる機会にもなり,メリットいっぱいです。

先生のところへ持って来させよう!

授業で漢字ドリル,ひらがなプリント(以下,ドリル,プリント)を使っています。1,2年生の場合,私が毎回必ずやっていることがあります。

それは,ドリルやプリントを私のところ(教卓)へ持って来させることです。漢字ドリルは,字を練習するマスが5マスあるとしたら,5マスすべて終わってからです。1年生のひらがなプリントは文字数が多いので,最初の8文字が終わったら持って来させます。

持って来させるメリットは,こんなにいっぱい!

なぜ,私のところへ持って来させるのでしょうか。それは,以下のようなメリットがあるからです。

メリット① 緊張感

持って来させることで,子どもの中に「先生に見せるんだ。がんばろう」「雑に書くとやり直しだろうな」と緊張感をもたせることができます。自分の字が評価されるのだという意識が生まれます。すると,子どもは集中して書くようになります。

メリット② 書き直しの効果はその場主義だからこそ

雑に書いたり,間違っていたりする場合には書き直しをさせます。子どもは,書いた直後に目の前で指摘されるので,どこを直せばよいのかが明確に分かります。子どもは集中して書き直し,再度持ってきます。できていたら,「最後まで,よく書いたね!」と思い切りほめます。

メリット③　1対1でほめる機会になる

　学校生活の中で，一人の子と1対1になれる機会は意識しない限りそうありません。しかし，持って来させることで意図的に1対1の場面をつくり出すことができます。マルを付けるときには，「形がすばらしい！」「大きさが

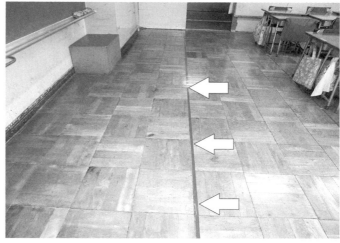

並ぶ場所をカラーテープで示します

いいね！」など具体的に目を見てほめます。このようなメリットがあるので，私は宿題も極力持って来させるようにしています。

メリット④　歩くことで気分転換

　多動の子はもとより，多くの子にとって，授業中に立ち歩くことができるというのは，ストレスの発散になり，気分転換になります。

　じっと座って集中して書いていたのです。その後もまた座り続けて学習するのは大人でも大変だと思います。私は意図的に立ち歩く時間を設定しています。

ここがポイント！

- □ ドリルやプリントを持って来させることで，集中が増す
- □ 上写真のように，カラーテープで並ぶ線を引いておくと，まっすぐに並ぶことができる。板書が見えなくなるのを防ぐ場合は，整列しながらしゃがませてもよい

35 どの子も漢字が読めるようになる「1分間速読」

漢字ドリルと教科書巻末の一覧表をとにかく読むだけ！ 毎日コツコツやれば読みのテストも毎回100点に！

■ 漢字速読のよさ

　漢字を音読させましょう。毎日続けていくことで，どの子もできるようになります。漢字ふりがなテストは，毎回ほぼ100点を取れるようになります。それだけでなく，他の場面でも高い集中力を発揮するようになります。
　「うちのクラスの子，本当に漢字が読めないのよねー」と一度でもつぶやいたことのある先生は，ぜひ試してください。

■ 漢字ドリルの速読

① やり方

　読むところは，新出漢字の音訓読み，言葉，使い方，熟語欄です。ふりがながすべてふってあるので，どの子も読めます。漢字テスト用の①～⑩，⑪～⑳の部分は読みません。
　ページをめくりながら，ひたすら読んでいきます。大きな声でスラスラはっきりと読ませます。次のページをめくりやすいように，ページとページの間に指を挟んでおくことも教えます。

② 時間と記録

　時間は1分か1分30秒です。高い集中力を維持できるからです。2分以上やるとだれます。30秒だと短いです。「スタート」で始めて「ストップ」で終わります。1日に2セット行うこともあります。
　ドリルの何番まで読めたのか日付を記録させます。毎日続けていくことで，自分の成長に気付くことができます。最も速い子には，みんなの前で読んでもらいます。1番の子の速さを全員に知らせるのと同時に，ごまかすことな

くキチッと読めているかどうかも確認するためです。

③ **チェックテスト**

　ワークテストとは別に，週に２，３回チェックをします。教師がドリルの漢字を何個か板書します。「この字を読める人？」という発問をし，挙手をさせればだれが読めており，読めていないかが分かります。読めていない字には，赤丸をつけて覚えさせます。隣同士で交代に読ませ，チェックする方法もあります。

教科書の漢字一覧表の速読

　やり方は，漢字ドリルとほぼ同じです。教科書の最後の方にある漢字一覧表を読ませます。「木のした」「口をおさえる」「目をあける」というように字の下に書いてある例文を読ませます。

　初期は教師の読んだ文を復唱する追い読みをします。今日は10文字というように，範囲を決めます。どこを読むのか分からなくなる子には指でなぞらせます。週１，２回は一人１文字ずつ順番で読ませ，読めているかどうかを確認します。注意して読むので集中力が高まります。

- 短時間に集中して，毎日取り組むから伸びる！
- 様々な場面で，グッと集中するようになる！

集中して取り組める！漢字テストのシステム

テストの日時や方法をシステム化することで，子どもたちも緊張感をもって集中して取り組めます。

小テストは，漢字ドリルの文章から

小テストは，漢字ドリルの文章から出題します。ドリルには，新出漢字を学習した後に①～⑩（⑪～⑳）の形式の文章が載っています。そこをテストにします。1回のテストで1年生は7問，それ以上の学年は10問程度がよいでしょう。

小テストは宿題と連動させて

新出漢字がいくつか終わったら，テストの範囲を宿題にします。宿題は，漢字ドリル22番⑪～⑳を2回（3回）ずつノートに書くというやり方です。毎回チェックします。

テストは，宿題を2，3日やったら行います。

テストは事前に予告を

テストは事前に予告をし，見通しをもたせます。

私は最初に次のように話します。

「100点以外の人は，やり直しか残り勉強になります」

これで，緊張感と集中力が一気に高まります。本心としては，罰で脅すやり方は好きではありませんが，たまに負荷をかけることは必要だと思っています。やり直しの際は，文を3～5回書かせることにしています。

テスト前に練習している子や，宿題を1回でも多くやってきた子を必ずほめるようにします。そうすると，これらのよさが全体に広がります。

テスト方式　4パターン

実態に応じて、以下の方法を使い分けてください。いずれの場合も、残り時間は伝えましょう。子どもは残り時間が分からないと、不安になり集中できなくなってしまいます。

聴写の問題文の板書

① 聴写
先生が問題文を読みあげます。2回言います。ほとんどの子が書けるまで待って次の問題へいきます。聞く集中力が向上します。

② ドリルの文章の裏面を見させて
各自がドリルの文章の裏面を出して、別のプリントに答えを書いていくというやり方。裏の答えをチラッと見ようとする子が出てくる可能性はあります。

③ 問題文を板書
上の写真のように先生が問題文を黒板に書いていく方法です。

④ 問題文の書かれたプリントを用意
プリントを作成する手間はかかりますが、問題文と答えの欄が書かれており、やることが明確なので質問は出ません。

- □ テストの日時とやり直しの予告が、緊張感と集中を生む
- □ テストのパターンは実態やねらいに応じて

37 入学直後の1年生も集中！
だれでもできるひらがな指導①

「動の活動」を織り交ぜることで子どもがグッと集中します。初めての1年担任でもこれで安心！

■ まずは「しゃべらせる『動』の活動」を中心に集中させよう！

ひらがなプリントは1文字ずつのバラ式のプリントを使い，1日1，2枚（毎日1，2文字）進めていきます。

指導の順番は以下のとおりです。時間は15～20分です。

① **言葉集め**

「『か』から始まる言葉を5つ言いなさい」と指示します。指名し発表をさせます。「かみ」「かい」「かまきり」などが出ます。次に「隣同士ペアで10個出してごらん」と指示します。言葉は板書し，全員で音読をします。

② **書き順**

板書をしながら，書き順とポイントを説明します。間違えやすいところ，気を付けるところを教えるのです。右写真のように4つの部屋に分かれている文字黒板（写真1）を使用します。

③ **間違い探し**

正しく板書した「か」の横にわざと3箇所ほど間違った「か」を書きます。そして言います（写真2）。

「間違いが3つあります。見つけてごらん」20秒ほど経ったら「隣同士で3つ答え合わせをしてごらん」と言います。最後に「3箇所，説明できる人？」と聞き，黒板の前で「1つめは，1画目が2と4の部屋に入っています」というように説明をさせるのです。

■ 鉛筆を持つ前に，指書き，空書きでたくさん書かせよう！

写真1　文字の部屋　　　　　　　写真2　間違い探し

④ **指書き**

　プリントを配布したら，すぐに指書きをさせます。プリントの「か」の文字を人さし指で書き順を言いながら何度もなぞらせるのです。

　慣れてくると，ひらがなプリントを配布するとすぐに指書きを始める子がでてきます。すかさずほめます。「えらい！　先生に言われていないのに，もう指書きをしている！　すごいなー！」これで次の時間から全員がやるようになります。書き順をきちんと言っている子，指がピンと伸びている子をほめて回ります。

⑤ **空書き**

　立って，手を大きく使って，空中に「か」を書くのです。最初は私も子どもたちの方を向いて空書きします。次は子どもだけでやらせ，最後は1，2号車（2列）ずつやらせ評価をします。明らかに，間違った書き方をしている子がいたら教えます。慣れてきたら手だけでなく，頭，足，お尻などで書かせるのもおもしろいですよ。学校公開では，すべり知らずのネタです。（次ページに続く）

- 随所に入るペアでの会話がメリハリと集中を生む
- 間違い探しで大事なところをおさえる
- 指書き，空書きで何度も書かせて字形を頭にインプットさせる

38 入学直後の1年生も集中！だれでもできるひらがな指導②

はじめに十分「動の活動」があるからこそ最後は「静の活動」で一気に集中できます。

■ 正しい文字は，正しい鉛筆の持ち方と正しい姿勢から

（前ページの続きです）

⑥ 姿勢・鉛筆の持ち方

前ページまで読んでいただいたように，鉛筆は最後の最後まで持たせません。まずは文字の形を脳に刷り込ませることが大事だからです。

次に姿勢です。合言葉は「お腹はグー，背中はピン，足はピタ」です。

お腹と机の間，背中と背もたれの間にそれぞれげんこつ1個分あけさせます。背中は背筋をスッと伸ばすように座らせます。足はかかとを床にしっかりと付けるようにさせます。初期は全員を見て回り，評価をします。特によくできている子をほめます。

ここまできて，初めて鉛筆を持たせます。合言葉は「指1本，天使の輪」です。右ページの写真1のように持たせます。人さし指と親指で輪ができます。それを天使の輪と呼びます。天使の輪を横切るように鉛筆が乗っていたら合格です。

■ 動と静の組み合わせだから，最後まで集中！

⑦ 8文字チェック

名前と日付を書かせます。拡大機，実物投影機があると非常に便利です。全員に分かるように，先生が，「ここに，こう書くんだよ」とお手本を書きます。

次に，8文字を書かせます。8文字とは，なぞって書く4文字，マス目だけの4文字のことです。「8文字，こういうふうに丁寧に書いたら，先生のところへ持ってきなさい」と指示をします。この時点で教室には，集中する

とよく鳴る子どもの鼻息しか聞こえなくなります。それくらい集中するようになっているはずです。なぜかというと，p.84〜のように，はじめに話す活動，動く活動をたくさん取り入れているからです。

写真1　指1本天使の輪↑

写真2　8文字チェック→

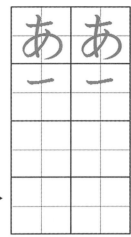

十分にしゃべり，動いた後なので，全員無言で静かに集中するのです（授業における「静」と「動」に関することはp.8〜参照）。

　8文字チェックのメリットは2つあります。1つは，正しく丁寧な字を強く認識させることです。正しく丁寧な字には○をしてほめます。子どもは自信が付きます。間違っている字，雑な文字は赤を入れて書き直しをさせます。書き直してきたらほめます。基準を明確にしておくことが大事です。もう1つは，8文字ならやり直しがきくことです。全部書いてから，「全部だめ。書き直そう」と言われてしまっては，やる気が一瞬でなくなります。だから8文字チェックをするのです。

⑧　**全部チェック**

　8文字チェックで合格をした子どもだけが，表のすべての文字を書きます。書けたまた持って来させます。裏は宿題です。

⑨　**色ぬり（時間差を調整）**

　最後は色ぬりです。それも終わったら読書か自由帳です。

□　最初にあえて「しゃべらせる」ことで最後には全員が集中
□　8文字チェックを入れることで，全員が正しく丁寧に

39 書くことにはまる！スキマ時間の「視写プリント」

作業が早い子と遅い子の時間調整におすすめ。どの子も静かに取り組み，書く速さ，丁寧さ，正確さが身に付く一石二鳥の活動です。

個人差にどう対応するかを悩んだ末，視写と出会う

　初任者時代，作業が早い子には「次，何をすればよいのですか？」と言われ，遅い子には「分かんな〜い」と言われ，両者に対応するのに，あたふたと困ってしまった記憶があります。特に1年生担任のときは「これでもか！」というほど個人差を目の当たりにしました。作業スピード，微細能力，段取り，理解力，家庭学習歴の差……。作業にかかる時間差は相当です。なるべく時間差が出ないような工夫をしても，時間差が出てしまうのが現実でした。そこでスキマ時間を使って，早く終わった子をさらに伸ばすためによい方法はないか国語と算数の教材で試行錯誤を繰り返しました。そして，以下のことに気付きました。

・プリント類は膨大な量のマルを付けなくてはいけない。
・計算プリントはすぐ終わってしまい長蛇の列ができる。
・自由帳は学習とはいえない。
・計算カードは，途中でだれてしまう。
・漢字ノートは宿題にも使うので回収できない。
・「読書」は悪くはないが，スキマ時間にも鉛筆をもたせたい。

　そこで仲間から教わったのが視写でした（視写の指導は，p.90〜参照）。

スキマ時間に視写をさせることのメリット

① **量が自信になり，書くことに「はまる」**

　ファイリングさせることで，書いた量が一目で分かります。枚数が増えていくと自信になります。「先生，こんなに厚くなったよ」と見せに来る姿を見ると，こちらがうれしくなります。

 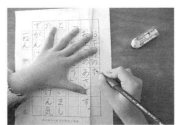

ファイリングすれば書いた量が一目瞭然！　　丁寧に取り組みます

② 切磋琢磨と集中力

　視写システムに取り組むと，子どもたちの中に，程よい競争意識が芽生えてきます。それは上写真（左）の効果です。このように並べることで，友達の書いた量がだいたい分かります。もちろん，自分のためにやるのだということを伝えています。周りが無言で集中して書いているため「よし！　私も！」という意識が広がっていきます。注視しないとマスがずれるため，集中せざるを得なくなります。

③ 先を見通せる安心感

　視写システムに取り組むと，私が「これが終わったらどうする？」と聞くと「視写！」と即答するようになります。子どもの中に，「やることがなくなったら視写をする」という意識が入っていきます。子どもは見通しが立つと安心して集中します。

④ 書く速さと丁寧さと正確さ＋表記の正しさを習得

　「　」の使い方，句読点の打ち方，段落の落とし方，送り仮名，くっつきの助詞の使い方が正しく理解できます。書く速さ，丁寧さ，正確さの向上は一目瞭然です。継続するほど効果が高まります。

- □ 視写プリントは，全員分並べてファイリングをする
- □ 友達の集中力に触発されて，自分も集中力が高まる
- □ 「スキマ時間は視写」が当たり前に

「視写プリント」楽々作成術&ユースウェア

教室がスッと静かになる視写。だれでも取り組める視写プリントの「作り方」と「活用法」のシステムを大公開。

西野流 視写システム

視写とはお手本の文章を見て、それをそっくりそのまま書き写す学習のことです。視写をすると教室がスッと静かになります。

私が視写をどのようにさせているのか、そのシステムを紹介します。

① 視写プリントを用意

大きさはＢ４判かＡ３判です。お手本とするのは、教科書の物語文や説明文、学習した漢字です。１年生にはひらがな、カタカナの五十音も用意します。

右ページの写真のように、教科書の文章は、用紙の上半分に教師が丁寧にお手本を書きます。下半分には何も書いていない同じマスを印刷しておきます。

市販の視写プリントには左側がお手本で右側に視写用のマス目があるものがよく見られます。が、これは左利きの子にとっては、自分の手が邪魔をしてしまい書きづらくなってしまいます。お手本を上にすることで、右利き、左利きどちらの子にとっても書きやすくなります。

漢字はコピー可能な市販のプリントを使用します。答えは画用紙に印刷し人数分用意しておきます。答えには書き順の番号を振ると、書き順の復習にもなります。

プリントの上部に穴開きパンチで穴を開けておきます。ファイルにとじさせるためです。視写プリントは教室の後ろの箱に置いておきます。１種類だと飽きてしまいますので、私は教科書から３〜５種類、漢字は２種類程度用意をしています。

② **朝自習，スキマ時間に**

私は朝自習，テストや課題が終わった後のスキマ時間に書かせています。子どもが好きなプリントを選んで取り組みます。宿題にすることもあります。

③ **書いたら先生チェック ⇒ファイリング**

書き終わったら見直しを必ずさせます。この見直しが大事です。ワークテストの見直しにも生きてきます。見直しが終わったら，私の所へ持って来させます。

最初が肝心です。厳しめにチェックをします。誤字脱字の場合は，「あの字が違う」「あの字を忘れているな」と言うだけにします。自分で誤字脱字を見つける力を育てるためです。

丁寧に書けていない場合には，その字のマスに朱書きして書き直しをさせます。よい場合には，思い切りほめます。

合格したら，ファイルにとじさせます。ファイルは30円程度です。教材費や学年費から購入しておきます。

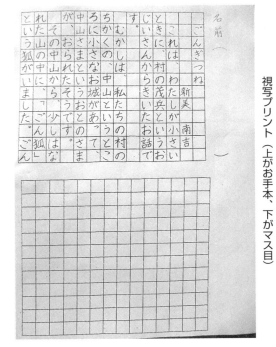

視写プリント（上がお手本、下がマス目）

ここがポイント！
- □ 視写プリントは事前に穴をあけておく
- □ お手本はプリントの上半分に書くことで，どの子も書きやすい
- □ 視写プリントは数種類用意する
- □ 「あの字が違うな」で見直す力も育てよう

準備いらずでどの子も熱中する「漢字ゲーム」

必ず盛り上がる漢字ゲームのテッパンネタ。授業展開を工夫すれば，保護者参観にもおすすめです。

絶対すべらない漢字ゲーム！

　子どもが熱中する漢字ゲームを紹介します。向山洋一氏，上條晴夫氏らの実践で，多くの人が追試もしており，「すべり知らず」です（笑）。

　授業の導入や学校公開に行うことをおすすめします。普段でも，集中が切れたときやスキマ時間にできます。

① **日に一画たして**

　「日に一画たして，別の漢字を書きます」と指示します。時間は２，３分です。「１つ書ける人？」と言って指名します。板書させます。同じようにして，「別の字を１つ書ける人？」と言って，全部出されるまで一人ずつ板書をさせます。

② **口に二画たして（向山洋一氏の追実践）**

　「口に二画たして，別の漢字を書きます」と指示します（p.56〜参照）。①と同じように展開しますが，漢字の個数が多くなるため２つか３つずつ書かせます。途中，「５個以上書けたら中学年，10個以上で高学年，15以上で中学生だな」と「挑発」するとさらに燃えます。

　「先生，辞書を使ってもよいですか？」という子が出てきます。こういうときは，「えらい！　賢いな〜」と言って使わせます。あるいは，その子だけに小さな声で，「すばらしいね。でも今は辞書を使わないで。明日またやるから，家で調べてきな」と言います。すると，次の日この子は漢字チャンピオンになります。成功体験になるわけです。また，辞書を積極的に使おうとしたことを全体の場でほめることができます。

③ **漢字探しゲーム**

2章　子どもがパッと集中する！授業のワザ74

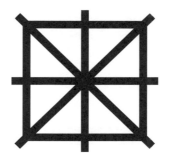

この中に隠されている漢字を書いてみましょう！

「東」という漢字や上図（右）を示し、「この中に隠されている漢字をノートにたくさん書きましょう」と指示をします。これは5分ほどとります。

この後の展開はいくつかあります。

1つは①②のように、時間が許す限り板書をさせるというものです。

もう1つは、自由に立ち歩いて交流しながら漢字を書き足していくやり方です。子ども同士で学び合う形です。ねらいにより、応用が利きます。

④　**画数ゲーム**

シンプルですが燃えます。一画から何画まで書けるかというゲームです。班ごとに一文字ずつ書かせます。つまり、1班は一画なので「一」、2班は二画なので「二」、3班は「己」……と続き、8班は八画なので「林」、また1班に戻り九画なので「洗」というように2、3周します。最後に書けた班が勝ちです。3分以内に書けなかったらその班は失格など、時間制限を設けるとより熱狂します。

⑤　**最も画数の多い字を探せ！**

これもシンプルですが集中します。挙手して指名された子が「議　20」というように一文字とその画数を板書します。これよりも多い画数の字を書ける子が次に挙手します。これも辞書が活躍するネタです。

□　書かせた後の授業展開をきちんと考えておくとより盛り上がる
□　ねらいによって、書かせた後の展開が自由自在

手間いらずで書く力が伸びる「100マス作文」

> 週3回，1回8分でOK！　まずは量を書かせて書き慣れさせよう。

■ 100マス作文との出会い

初任者時代から，教科書の「書く」単元について疑問に思っていたことがあります。それは，書く単元が学期に1，2回しかないということです。1学期に指導したことを忘れたくらいの時期に，2学期の書く単元がまわってきます。そうなると，また復習に時間が取られます。書く力を習熟し，伸ばす方法はないかと考えていました。そこで出会ったのが，三谷祐児氏の『書く力を高める小学校「100マス作文」入門』（明治図書）です。

■ 100マス作文　西野流のシステム

三谷氏は題材選択能力の向上を重点的なねらいとして挙げられていますが，私は単純に書くことの慣れ，習熟に焦点をあてます。三谷氏の実践を私なりに応用したシステムを紹介します。週に3，4回，1回8分で行います。

① **教師がテーマを提示**

テーマは行事の練習，生活指導，授業の感想，日々の出来事などと関連させます。子どもの日常生活を書かせるので，「書くことがないよ～」という意見は出なくなります。

② **プリント配布後，4分で100文字を書く**

書き出しを考えるのが1分，書くのが3分です。集中します。

③ **書けない子への指導**

全体につぶやきます。「私が今日の練習で意識したことは2つあります。1つは……」という感じです。手が途中で止まっている子には，続きを書けるように，そっと言ってあげます。「そのためにぼくは……」「この出来事を

通して私が学んだことは……」「特に工夫したところは……」など，うまくつながるような文を教えます。考えても書けずに困っている子には「考えなさい」「よく思い出して」とは言わず，教えてしまいます。これを繰り返していけば，どの子も，書けるようになっていきます。

④ 書けたら，読み返しの音読をして提出

この読み返しが大事です。推敲力，集中力が高まります。

100マス作文のメリット 「量から質へ」

① 書く量が保障される＝書く力が伸びる

どんなことでもそうですが，質を高めるには量が必要です。作文の質を高めたければ，まずは書く量（回数，文字数）を重視することです。

② 短時間で，簡単にできる

配布から回収まで，1回わずか8分でできます。返却する前のコメントは一言です。用紙は印刷し，パンチで穴をあけておきます。

③ 書くことへの抵抗が減り，自信が付く

「視写プリント」（p.92～参照）で書きましたが，ファイルを用意しましょう。挟んでいくと，自分が書いてきた努力がパッと分かり，自信につながります。

□ テーマを日常生活に関連付ければ，みんなが書ける
□ 途中で書けなくなった子には，そっと教えてあげよう

43 どの子も長く細かく書けるようになる「ビデオ作文」

ワーキングメモリーが弱い子にもおすすめ！ 鍵かっこの使い方も定着します。

「書くことがない」に対して「あの実践」をしたけれど……

教師1年目，書く単元の授業の冒頭です。

「今から作文を書きます」「え～っ！」「なんで嫌がっているの？」「書くことがないんだもん！」

そこで，私は向山洋一氏の有名な実践を追試しました。それは，先生がパンと手を叩いてから，もう一度パンと手を叩くまでの動作を作文にするというものです。原実践どおりにやりました。多くの子は書けました。

しかしです。私が3回同じ動作をやったにもかかわらず，書けない子が数名いたのです。私はイライラし，どうして書かないのかと不満をもちました。

けれども，その子どもたちには書けなかった原因があったのです。短期記憶（ワーキングメモリー）が弱かったのです。一度にたくさんの情報を記憶にとどめておくのが苦手なのです。

そこで，考え出したのが，ビデオ作文です。

ビデオ作文のやり方とよさ

必要な道具は，ビデオとPCとプロジェクターとスクリーンです。

書かせたい動作や言葉をあらかじめビデオに撮っておきます。それを授業中流しっぱなしにするのです。子どもはその映像を作文に書きます。

こうすれば，短期記憶が弱い子も安心して書くことができます。

例えば，次のような動作と言葉をビデオに収めます。

黒板の前に立って一礼します。「やぁ，こんにちは」と言います。次に，「じゃんけんしようか？ じゃんけんぽん！」と言ってグーを出します。

2章　子どもがパッと集中する！授業のワザ74

画面に先生が映ると子どもたちは一気に集中します

　ガッツポーズなど喜ぶ動作をしたら，あっかんべーをします。最後に，「みんな大好きだよー」と言います。バイバイしながら，歩いて去ります。
　10秒くらいの長さがよいと思います。
　これを前日までに撮っておきます。他の先生に見られたら恥ずかしいですが，やります（笑）。子どもたちは先生だから集中するのです。
　授業の導入でいきなりビデオを流します。見終わったら，言います。
　「これを作文に書きます」「えーっ?!」「マジで?!」
　大変盛り上がります。
　最後，以下の5項目を1つ20点とし，100点満点で評定します。
①句読点の打ち方　　②「　」の使い方　③思ったこととしたことの区別
④常体か敬体の統一　⑤誤字脱字
　評価の観点は事前に伝えておきます。ビデオは繰り返し流れるので，映像と比べながら読み返すことができます。子どもたちはとても集中します。
　途中，「先生の顔が繰り返し出てきて，キモい」と言う子が出てきた場合は，強制的に次回からその子に出演をしてもらいます（笑）。

- [ ] ビデオは担任の先生が出ると集中する
- [ ] ビデオは繰り返し流せるところがよい
- [ ] 評定する観点を事前に伝えるから，集中して見直す

44 どの子もみるみる書きたくなる「成長作文」システム

> 自分の成長が分かるから，どんどん集中して書くようになります。

■ 成長作文でさらに成長

学期末（1年生のみ学年末）に必ずやらせていることがあります。

それが成長作文です。成長作文とは，その学期，その年に成長したこと，努力をしたこと，よくなった変化を書く作文のことです。

成長作文に取り組むと，子どもは自分の成長を可視化できるので自尊感情が高まります。枚数がたくさん書けるようになるので，書くことの苦手意識が消え，書く自信，書く力，集中力が飛躍的に伸びます。

■ 教師の例文，書き方ルール，プロットを示す

初めてやる場合には，教師が原稿用紙2，3枚に例文を書き，印刷・配布します。それをもとに書き方の説明をします。書き方の原則はこれです。

書き方（詳しくは右ページの例を参照）
○文体…常体「だ」「である」エッセイ風でよい。しかし論理性も高く。一文を短く！
「ぼくは田植えをしました」「連合音楽会はきん張したけど楽しかった」などの報告，過去形は×。つまらない。読みたくない。
その学習や行事をとおして，伸びたこと，身に付いたこと，習慣となったこと，今思うこと，できるようになったこと。
○表現技法…倒置法，比ゆ，体言止めなど
○序論・本論・各章・結論が変わるときは，新しい原稿用紙に書く。
○書き方
①詳しく，細かく，選んだ一つのことについて長く書く。
②アウトラインを使うことで，型が分かり，書くのが上手になる。

【アウトラインの例】
● ～で学んだことは○つある。
● 第一に，～だ。
● ～することによって，～なった。
● 例えば～。
● もしも～ならば，～。
● しかし，～。
● だから（したがって）～。
● これから～。

プロット，例文に関しては，右の例をご覧ください。このように，最初にプロット例，例文を示し，書き方を押さえれば「何書くの〜？」「どうやって書けばよいのか分からない」は出ません。

プロットと本文の冒頭

（プロット例）
心から楽しめた一年間　名前
序論〜新しい学年うれしさと不安の入り混じる日〜
本論
第一章…授業
算数
国語
第二章…行事
学芸会
連合音楽会
第三章…生活
友達
委員会
第四章…先生
西野先生
授業の仕方
結論〜去年の四月から今年の三月の自分〜五年生の終わりにあたって

（例文冒頭）
「算数」　名前□□
私が西野先生に教わったことは二つある。一つ目は，算数のノートの書き方。私の算数のノートは最初，汚くて読みづらかったけど，先生に書き方を教えてもらってからすごく読みやすくなった。それはなぜかというと，…（続く）

学期末，学年末のスキマ時間に

　書き方を説明し，書き方を覚えさせるまで，授業で２，３時間は使います。また途中で，交流タイムを取ります。自由に友達の作文を見に行き，自分の作文に足りないところに生かします。

　成長作文のよさは，テスト後，課題終了後などのスキマ時間に書けるということです。やることがない時間は，成長作文を書くようになります。

　軌道に乗ってくると，休み時間や宿題に書く子が出てきます。

　高学年の場合は，期日を決めて提出させています。およそ３週間〜１か月程度とるようにしています。多い子で原稿用紙80枚以上，少ない子で20枚くらいは書くことができます。50枚以上の子には製本します。

- □ 成長作文で，成長に気付き，自尊感情と書く力が高まる
- □ ２，３時間を取り，教師の例文で書き方を丁寧に説明しよう
- □ スキマ時間を有効に使えるようになる

45 推敲力がグーンと高まる「一発評定」マル秘テクニック

評定「S」をめざして，子ども自ら進んで見直しをするように。「しっかり読み返しなさい！」が消えます。

子どもも教師も作文嫌い？

「何度言ったら，分かるの？」

作文を書かせた際，誤字脱字，表記の間違いが次から次へと出たときに発してしまった言葉です。作文を書かせるたびにイライラしてしまい，私自身が子どもとともに作文嫌いになりそうなほどでした（笑）。

子どもに書いた文章を読み返す力，読み直す習慣を身に付けさせたいです。生涯にわたって，読みやすい文章が書けるようになってほしいからです。

そこで，子どもが楽しく推敲したくなる技を開発しました。

「S」評定をめざして，意欲的に推敲するように

① **作文を書かせる前に評定基準を伝える**

最初に，次のように指示します。

「フツーの1年生とすごい1年生のどちらがいい？（子ども「すごい1年生」）すごい1年生はね，作文で間違いが少ないんだよ。でも，人間だから間違いはある。ということで，間違いが0個の場合はスーパー1年生の『S』。いないとは思うけどね。はははは。で，……（中略）。SとかAAはいないと思うので，4個までは間違えてもよいです」

評定基準は，右のようにしました。

AかBを合格ラインとします。

原則，全員を合格させます。

② **「一文書いたら，一文読み返す」を実演**

次に，教師が一文を書きます。

評定基準		間違いの数
S	⇒	0
AA	⇒	1〜2
A	⇒	3 （合格ライン）
B	⇒	4
見ない	⇒	5以上

手元は拡大機で提示します。一文を書いたら，実際に小さな声で音読します。このように，最初にやり方を指導します。

③ 書いている途中で間違いを発見したら，赤鉛筆で加筆修正

用紙の半分くらいを書いている子の紙を見せながら指示します。

「ここまで書いて，最初の方を読み返して『あ！　間違えている！』と発見したとします。全部消すのは嫌でしょう。だから間違いを発見したら，赤鉛筆で書き直します。直しは間違いに入れなくていいです」

この作業が推敲力の向上につながります。子どもは安心して集中します。

④ 「本当にいいの？　一発勝負だよ」

持って来た子に言います。すると，「やっぱり，もう1回読み返します！」と戻って推敲します。この指示も大事です。持って来たものを安易に読まない方がいいのです。教師は「S」を付けさせるように仕向けることが大切です。全員にA以上（あるいは合格）を与えられるようにしましょう。ここまでしておけば，基本的にはA以上にはなります。

⑤ Sの子には「マグネットで黒板に貼っておきなさい」

これが肝です。Sの子はガッツポーズして喜びます。そこで，さらにたたみ込みます。「ありえないくらいにすごいからみんなによく見えるように，黒板の好きなところに貼ってごらん」

子どもは，もうウキウキ喜び勇んで貼りに行きます。

波及効果が生まれます。それを見ている友達が，「よーし，僕も！」となるのです。みんなが，Sをめざして必死に推敲するようになります。

⑥ ミスも減少！イライラも解消！一石二鳥の結果

作文のミスがかなり減ります。推敲力が向上します。この実践以降，目が疲れなくなりました（笑）。イライラしないので，子どもに笑顔で優しく対応できるようになっています。

□ 評定基準が明確だから，子どもは安心して集中できる
□ 目標が数字で示されているから，努力の方向性が明確

改善個所を自分で発見！楽しい毛筆書写

コーチングスキルで「お手本をよく見なさい！」が不要に。子どもが自分で自分の字形を観察し，改善箇所を発見できます。

■ コーチングスキルを応用した毛筆書写の指導

① 小黒板にチョークで書いて，書き方を説明
　字の書き方，バランス，大きさ，長さ，書く位置などポイントを教えます。

② 担任が示範
　子どもの前で，先生がポイントを伝えながら実際に書いて見せます。

③ 手本と自分が書いた字を比較し，10点満点で評定
　「お手本が10点満点だとしたら，先生の字は何点だろう？　よく字を見て自分で点数をつけるのです。先生が自分の字を評定すると7点です」

④ 1点ずつ加点・減点の理由を説明
　「手本のとおり，『世』の二画目が縦線では一番長く書けています。あと，五画目のここがしっかりと止めています」というように，最初に加点の理由を説明します。次に「『界』の田が横に広がり過ぎたね。だから減点」と減点の理由を話します。①でポイントを教えているのがここで活きます。子どもは加点・減点の理由を理解することができます。

⑤ いよいよ子どもが書く
　書いたら立って，手本と比べて評点をさせます。離れて見ると，相違がよく分かるからです。

⑥ 教師はほめて，点数を聞き，手本にポイントをメモさせるだけ
　先生は机間指導の際，①ほめて②点数を聞き③手本に記すだけです。「ここがしっかりと右上がりになっていてよいね。では，何点かな？　（子ども「4点」）　なるほど。どこがよかったから4点なの？　確かに上手だね。じゃあ，6点減点した理由は？　あぁ，よく気が付いたね。大事だから鉛筆で

2章　子どもがパッと集中する！授業のワザ74

| 従来の指導 | コーチングを使った指導 |

メモしてごらん。次に大事にすることを意識できたら2枚目を書いてごらん」

⑦　最後に，掲示する作品を教師と子どもが話し合って選ぶ

コーチングスキルを使った授業のよさ

①　「やらされている感」から「もっとやりたい！」へ

　自分で自身の字の改善点を発見し，自覚できるので，「今度はもっと上手に書きたい」という思いが高まります。教師から指摘されるからではなく，どこをどう直すかを自分で決めることができるよさがここにあります。やらされている感がないため，楽しく集中して書くことができるのです。

　注意，小言，ダメ出しが一切ありません。ほめられるので，やる気が出ます。やる気を出すからほめられます。このよい循環が生まれるのです。

②　注意力，集中力が飛躍的に向上

　観察眼，注意深さが鋭くなり，よく手本を見るようになります。当然字は上手になります。「よく見なさい」と言うまでもなく，子どもは集中して手本を見ます。結果，子どもが集中するので「静かに！」と注意する必要性は生まれません。まさにノンストレスです。

□　3，4回目以降は，やり方を覚えてしまうため，子どもだけでどんどん学習を進めることができるようになる！

47 一瞬で授業に引き込む「フラッシュカード」

算数授業の導入でどんよりしがちな空気を一掃！　フラッシュカードは「用意が簡単」「やり方簡単」「効果は感嘆！」

■ 導入が遅い，暗い，つまらない……

　算数の授業をはじめるとき，イライラっとしたり，モヤモヤっとしたりすることはありませんか。私は初任者時代そういうことが多々ありました。

　チャイムが鳴ってから机の整頓をさせ，姿勢を直させます。後から教室に入ってくる子を待ちます。それから初めて授業開始のあいさつをし，本時のめあてを話します。

　その頃には，すでに子どもの目はどろん，雰囲気はどよんとしていました。

　チャイムと同時に授業が始まらないからです。授業にテンポがなく，もたもたしていたのです。が，TOSSのフラッシュカードの実践を知ってから，導入が大きく変わりました。1年生には特におすすめします。チャイムと同時に周りの子が一斉に声を出すので引き込まれていきます。集中します。

■ フラッシュカード　基礎知識

　用意は簡単です。道具は画用紙とペンがあればすぐにできます。バリエーションは豊富で使い勝手が実によいです。B5判の画用紙の表裏に1～9の数字を大きく書きます。表紙は「フラッシュカード」です。これで完了です。

　カードは後ろから前にめくっていきます。カードの上部の紙をめくる際につまむ部分にテープを貼っておくと，指に引っかかりめくりやすくなります。

■ フラッシュカード　バリエーション

① 1～9, 9～1

　最も基本のやり方です。1～9を順番にめくり，出た数を言わせていきま

フラッシュカード本体

めくり方(後ろから前)

す。反対に9〜1も言わせます。

② **ランダムとバリエーション**

ここからがフラッシュカードの本領発揮です。カードの順番は5，9，1，3……のようにランダムにします。

『小学1年生の算数指導成功の基本技・応用技』（TOSS群馬インフィニット著，明治図書）には，「じわじわ〜」と言いながらゆっくりカードを見せていくやり方，「ひらひらひらひら」と言いながらカードを蝶々のように見せるやり方がのっています。「だれよりも早く！」「○○さん，一番！」というと，どんどん集中していきます。

③ **1大きな数，1小さな数**

「1大きな数！」と言ってめくっていきます。「3」をめくったら，子どもは「4！」と言います。②のバリエーションを組み合わせてやると，さらに盛り上がります。1小さな数も同じです。

④ **どっちが大きい？**

「せーの」と言って2枚のカードを見せます。子どもは，大きい方を指さして答えます。

- [ ] テンポよくほめながらやると集中が高まる
- [ ] NとZに視線を動かし，子どもたちと目を合わせるとより集中する

48 低学年の導入はやっぱりすごい「百玉そろばん」

> 視覚と聴覚どちらも刺激される百玉そろばん。導入にピッタリのバリエーションをご紹介します。

■ 大人気！　百玉そろばん

　フラッシュカード（詳細は p.104～参照）と同じくらい導入におすすめです。これも TOSS の実践から多くを学びました（TOSS 群馬の前掲載書も参照）。

　百玉そろばんは，数の増減，数の構成が視覚と聴覚で分かります。右ページの写真のように，5個ずつ色分けされているので見やすいです。「カチッ」となるので，聴覚も刺激されます。子どもたちは百玉そろばんが大好きです。低学年には特に適しています。

■ 百玉そろばん　バリエーション

① 「あがった，あがった，いーくーつー？」

　百玉そろばんを横にします。先生が「あがった，あがった」と言います。続けて，子どもが「いーくーつー？」と言います。

　そして，玉を上にはじきます。数は実態に応じて決めます。1年生の1学期なら10個以下です。2学期なら何個でも大丈夫です。

　先生がはじいた玉が「カチッ」と戻ってきたら，子どもは挙手します。すごい勢いで（笑）。指名して，回答した子を思い切りほめます。1回の授業で4，5回やります。

　私はこれを最初にやります。最もシンプルでどの子にもできるからです。これをすれば全員の手が挙がります。自信につながります。

　アレンジとして，一度に複数の玉をはじく方法もあります。例えば，2個×3列（答えは6個）です。どの子も必然的に集中します。

② 順唱

これが定番です。1個ずつはじいていくやり方が、1とびです。2個なら2とび、5個なら5とび、10個なら10とびです。

「カチッ」と鳴ってから「いち！」と言わせます。声がそろうからです。テンポよくやっていきます。そのために事前に練習をしましょう。慣れて

百玉そろばん

くると、前のめりになって、首を縦に振りながらノリノリで数を言っていくようになります。

③ 隠し玉（河原木孝司氏の実践）

全員がすらすら順唱できるようになったらやります。隠し玉は、10とびから1とびまで数を言わずに頭の中で玉数を足していくやり方です。

「隠し玉！」と言って、百玉そろばんを子どもに見えない位置に置きます。そして「10とび」と言って「カチカチカチ」とはじきます。同じように「5とび」「カチカチ」「2とび」「カチカチ」「1とび」「カチ」とそろばんを動かし、挙手をさせます（答えは45個）。できたらほめます。

子どもは指を折りながら、頭の中で百玉そろばんをイメージし、計算をします。集中力とともに、短期記憶を鍛えることができます。やる前に、「これは3年生レベルだからな〜」と刺激するとさらにやる気が高まります。

□ 隠し玉の前に、暗唱（目をつむって順唱）しておくとさらによい
□ 百玉そろばんなら、10の合成分解も分かりやすい

49 毎朝5分の「百マス計算」で学習モードにスパッと切り替え

朝一に取り組むことで頭の回転もよくなり，学級が落ち着きます。計算力もアップし一石二鳥です。

■ 百マス計算とは？

百マス計算は，岸本裕史氏が開発しました。用紙の左と上（左利きの場合は右と上）に並ぶ0～9の数字が交差するところに計算の答えを書いていきます（右ページ写真を参照）。四則計算すべてに応用できます。

やってみて驚きました。

「え～，こんなに，子どもって集中するんだ。やる気になるんだ。騒がしいこの子たちが，こんなに落ち着くなんて……」

私は，百マス計算の効果は計算力の向上だけだと思い込んでいました。それ以外の面でも大きな効果があると分かったのです。

■ 百マス計算のやり方

初めの2，3週間は，2通りのやり方で（つまり200問）行います。

まずは＋0だけで100問解きます。なぜなら，初期のころは書くのが遅いからです。何年生でもそうです。計算力以前の問題で，まずは所定の位置に素早く丁寧に書く技能を高める必要があります。全員が2分以内でできるまでは続けたいところです。

次に，0～9の数を入れてランダムで百問解きます。タイムはまだ計りません。正確に計算し100点を取ることを目指します。

全員ができるようになったらタイムを計ります。先生の「スタート！」の合図で計算をさせます。先生は「10，20，30，40……」と10秒刻みで時間を言っていきます。できた子は「はい！」と立って返事をします。「〇分〇秒」とタイムを伝え，記入させます。

速くできた子には，裏の問題をやらせます。時間調整のために裏にも百マスを用意しておきます。暇がないので，子どもはずっと集中します。

百マス計算プリント
(深沢英雄『どの子も伸びるさかのぼり指導のアイディア』小学館 より)

+	9	4	8	3	0	6	7	1	5	2	+
3											3
5											5
9											9
0											0
6											6
1											1
7											7
2											2
4											4
8											8

百マス計算の効果

① 集中力（根気）が高まり，落ち着く

朝一でやると，その日1日が締まります。他教科，他の場面でもメリハリが付きます。子どもの中に，真剣に学習しようという意識が生まれてきます。頭の回転がよくなります。根気が身に付きます。

② 動作，切り替えの速さが上がる

書く速さ，物の出し入れの速さ，帰りのしたくの速さなど動作の一つ一つが速くなります。また，次の活動への切り替えも速くなります。スピード感に心地よさを感じるようになるので，ダラ～ッとした空気は一掃されます。

③ 自信が付く

タイムがどんどん縮んでいくので自信が付きます。

④ 計算力が付く

6年生にも百マス計算をやらせます。計算が早く確実になるからです。

- □ 毎朝たった5分で落ち着き，メリハリのある子が育つ
- □ 自分との闘いであり，友達と競争するのが目的でないと繰り返し伝える

卒業後も感謝される！毎日の「公式暗唱」

反復しないとだれでも忘れます。毎日声に出して計算や公式を暗唱すれば，どの子も満点に！

公式の暗唱で満点を　卒業も感謝される⁈

　6年生の担任をしていたころのことです。学年末になり，算数のテストをしたところ，図形，割合，平均の公式を忘れている子どもがいました。1年前，半年前にはできていた子も忘れていました。

　しかしよく考えてみると，私自身，半年前，1年前に受けた研修の内容は覚えていないものです（笑）。つまり，大人も子どもも反復練習を続けていかないと，忘れてしまうのです。

　そこで考えたのが，公式の暗唱です。学習した公式は，暗唱できるほどに毎日音読をすることにしたのです。すると，2回目の6年生を担任したときは，ほぼ全員が公式に関しては満点を取りました。自信満々で解いていました。

　卒業後の中学校で公式が出題されたときにも満点が取れたようで，そのことを私に感謝して報告しに来てくれた子もいるほどです。

　以下の公式等を暗唱しました。

○**面積**　一辺×一辺＝正方形，縦×横＝長方形，底辺×高さ＝平行四辺形，底辺×高さ÷2＝三角形，（上底＋下底）×高さ÷2＝台形，対角線×対角線÷2＝ひし形，半径×半径×3.14＝円　直径×3.14＝円周

○**体積**　縦×横×高さ＝体積

○**平均**　全体÷個数＝平均

○**割合**　くらべられる量÷もとにする量＝割合

○**速さ**　道のり÷時間＝速さ

○**偶数奇数**　2で割れるのは偶数　2で割れないのは奇数

毎日暗唱すればクラス全員満点も夢じゃない?!

公式の暗唱　指導の流れと応用

① ノートに視写

板書（公式のすべて）をノートの表紙の裏に視写をさせます。

② 朝自習の時間に音読

朝自習の時間に読ませます。算数の導入で読むこともあります。

はじめの2～4週間程度は全員で一斉に読ませます。慣れてきたら班ごと，個人で読ませます。

③ バリエーションⅠ　速読　タイム計測

ただ読ませるだけでは飽きますので，バリエーションを工夫します。班や個人で速読をします。班では息と声を揃えます。個人は早口言葉です。読み終えて「はい！」と言った班（子）にタイムを告げていきます。

④ バリエーションⅡ　テスト

タイム計測をする頃には，左ページのすべてを暗唱できている子がいるはずです。私の前で暗唱できたら合格です。

- 毎日，音読することで公式を暗唱できる
- 暗唱できると自信をもって解けるようになる

51 算数の宿題は「子どもマル付け」で効率アップ

時間短縮，集中力アップ！ 子どもマル付けのシステム化でメリットがたくさんあります。

子どもがマルを付けるメリット

宿題の算数プリント，算数ドリルは，私が答えを言い，子どもたちに一斉にマルを付けさせます。算数の授業のはじめに行うことが多いです。

理由はいくつかあります。

1つは，回収するとマル付けに時間がかかるからです。回収したものに，いつ目を通すことになるかというと，放課後か空き時間か休み時間です。放課後や空き時間は，教材研究や学級通信の作成，授業のふり返りに時間を当てた方が子どものためになります。休み時間は子どもと遊んだり，様子を監察したりすることが学級経営上大切だと考えています。

2つめは，集中して聞く力が伸びるからです。子どもたちは，聞き逃さないように答えを注意深く聞きます。間違えはその場ですぐに書き直しをさせます。

3つめは，答えを渡してマル付けを各自に任せてしまうと，どこまできちんとやっているか把握しづらいからです。

4つめは，きちっと子どもにマル付けをさせて，その姿をほめたいからです。授業のはじめにほめることで，やる気を高めます。

具体的な実践とその効用

朝の会で，マル付けをする時間を伝えておきます。あるいは，マル付けをする時間の前の授業で伝えます。

いざその時間になり，宿題と赤鉛筆をきちんと用意をしていた子がいたら思い切りほめます。そうすると，前もって用意をする子が増えます。

2章　子どもがパッと集中する！授業のワザ74

答えを聞き逃さないよう子どもたちも集中して聞きます

用意していなかった子を待たないで答えを言ってきます。

「1番に，もうマルを付けた人？　早い！　よく聞いていた！」

ほめるからより集中します。きちんと話を聞いていた子が得するシステムにするのです。用意ができていない子は，あわててついてきます。

ただし，遅い子によってはあまりに時間差が出てしまうと，「遅くなったから，僕はもういい」とマル付けを放棄する子が出てしまいます。そのため，答えは復唱させます。

先生「1番，230」　子ども「230！」

先生「きちんと復唱できた人がいる。ついてきている証拠です。えらい！」
　　　「念のため，隣同士で確認しましょう」

こうすれば，遅れた子の時間調整だけではなく，聴覚が弱い子，確認が必要なにとっても支援となります。

子どもが育ってきたらこんなめちゃくちゃな？指示もあります。

「算数のはじめに，あれをしていなかったので，あれとあれを出します」

「あ，あれをするのを忘れていたね。10秒で用意できる？」

- □ マル付けは子どもと一緒にやることで効率的に
- □ 答えを復唱させることで，時間調整＋支援に

113

52 どんな子どもも混乱しない「一時一事の原則」と「確認の原則」

> ワーキングメモリーの弱い子も安心！ 子どもから質問が出ない指示こそがよい指示です。

■ 一度に全部を説明したらダメ！指示は細かく分けて一つ一つ確認

　TOSS代表の向山洋一氏が提唱した授業技術の中に「一時一事の原則」と「確認の原則」があります。この原則は多くの場面で有効です。算数の授業でも大いに活用できます。

　発達的な課題をもっている児童だけでなく，一般的に子どもはワーキングメモリー（作業記憶）が弱いです。そのため，次のような指示はよくありません。

　「教科書16ページの③の①〜④まで終わったら，ノートを見せにきなさい。マルをもらった人からすべてしまって読書をしなさい」

　さて問題です。これは一時に何事の指示でしょう。

　六事です。1回の指示で，子どもが行う学習作業が6つも入っています。学年や実態にもよりますが，「一時一事の原則」と「確認の原則」に従えば，次のように指示することになります。

1　「算数の教科書を出します」と言います。
2　「16ページを開きます。お隣さんに教えてあげましょう」
3　「③を指で押さえます。これも確認」
4　「①〜④の番号にマルをします」「△△くん，①〜何番までやるの？」と話を聞きもらしそうな子に聞いて答えさせ，ほめます。
5　「4問全部できたら，ノート持ってきなさい。スタート」
6　ノートを3，4人持ってきたら，全体の手を止め，「マルをもらったら，読書をしなさい」と指示します。

指さし確認「3を指で押さえます！」

「子どもから質問が出ない指示」がよい指示

　このように指示することで，子どもは一つ一つのことに集中できます。「先生，今何するの？」「終わったら，何をすればいいのー？」という質問や「ねぇねぇ，どの問題までやればいいんだっけ？」という子ども同士の会話は生まれません。混乱を避けることができるのです。

　指示する際は，全員に聞かせることが大切です。体を向けさせ，顔を上げさせ，手いたずらをさせません。

　私の指示が分かりづらいことによって子どもを混乱させ，教室が騒がしくなり，その結果，全体を叱責してしまうことが初任者の頃にはよくありました。

　指示・確認を細かく分けたことにより，子どもたちは何をすればよいのか明確に分かるようになりました。そのため，授業展開がとてもスムーズになりました。

☐ 指示は一度にすべてをせず，やらせながら細かく確認
☐ 的確な指示で，授業展開がスムーズに

算数100点の近道は「年間ノート5冊」

算数で満点が取れない子のほとんどはノートに原因があります。ノートは算数ができるようになるためのもの。ケチらずスキマを空けて使用させましょう。

■ ミスの原因は，日々のノートにある？

ノートは必ず丁寧に書かせましょう。算数で100点を取らせ，自信を付けさせるために最も大切で，最も近道の方法はノート指導です。

問題の解き方が分かるにもかかわらず，満点が取れない子はノートに原因がある場合がほとんどです。ノートは雑でテストは丁寧，という子どもは見たことがありません。

■ 満点のためのノート指導　必須の4項目！

① ノートはケチらず，問題と問題との間をしっかり空ける

テストでミスが目立ったり，ノートに小さく細かく書いたりする子に限って言うことがあります。「ノートがもったいない」

なので，最初に趣意説明をします。

「ノートは算数ができるようになるためにあります。問題と問題の間は詰めずに2マスは空けます。小さく詰めて書くから，前の問題の数字と今やっている問題の数字がごっちゃになって間違えるのです。ノートをケチると算数ができなくなります。1冊100円くらいです。100円の価値を最大限生かすためにも，たっぷりと間をとって算数ができるようになりましょう」

問題と問題の間は，横も，下も，2マス以上空けます。分数は縦2マス使って書きます。目安は年に4冊以上です。保護者にも趣旨を説明します。

学期当初は向山型算数ノートスキルを使うようにしています。きれいなノートのイメージをもたせるためです。また，拡大機を使って子どもと同時進行でノートを書いていくと，子どもは2倍集中します。

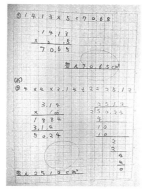
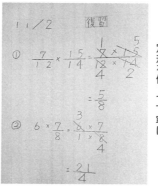

ノートはゆったり,定規を使って丁寧に！

② 補助計算はノートのマス目に大きく書いて，残す。

わり算の筆算をするとき，かけ算の補助計算をさせます。文章問題でも補助計算をさせます。必ずさせます。理由は，確実に満点を取れるようにするためです。補助計算はノートの余白ではなく，堂々とマス目に大きく書かせます。そして消させずに残します。どこで間違えたか分かるからです。

③ 教師がノートを事前に作る

子どもが書くノートの中身を授業前に，そっくりそのまま先生自身が書いておきます。そうすると，どこが書きづらいか，どこで次のページに書くか等たくさんのことに気付くことができます。私はノートを書くのが苦手な子に，私が作ったノートのコピーを渡すこともあります。

④ 「丁寧に書かせる！」という覚悟を教師がもつ

マスを空ける。定規を使う。濃く大きく丁寧に書く。これらのことができていない場合は，徹底して書き直しを指示します。同時に，きちんとできていたら必ずほめます。子どものノートの丁寧さと教師の覚悟は，おもしろいくらいに比例します。

- ☐ 問題と問題の間は，２マス空け，大きく丁寧に書かせる
- ☐ 補助計算はしっかりと大きく
- ☐ 教師の覚悟と子どものノートの丁寧さは比例すると自覚しよう

54 １年生もスラスラ解ける「音読式文章題攻略法」

文章題を声に出して読むと，場面をイメージしやすくなります。内容に応じた音読バリエーションをご紹介。

■ 算数の文章題は，なぜ音読するの？

算数で文章題を音読させている学級が多いと思います。音読させることの意味は何でしょうか。私は以下のように考えます。

１つは文章の場面をイメージさせることです。イメージできれば，増えるのか，減るのか，何を求めるのかなどが分かり，計算の式をたてることができるようになります。２つめは音読だとさぼらずに読ませることができるということです。黙読だとそうはいきません。

■ 文章題の音読の仕方，扱い方

① 変化のある音読

「この文章題を一人で読める人？」と聞きます。挙手した子を指名して読ませます。次に全員で一斉に音読させます。さらに「２回音読したら座ります。全員起立」と指示します。座っても音読していた子をほめます。

こうすれば，どの子も３～４回は読むことができます。

② 動作化

イメージしにくい文章題の場合にやります。前に出て動作化してみるのです。例えば，ひき算の「ちがいはいくつ」の次の問題。

「男の子が８人います。女の子が５人います。どちらが，何人多いですか？」

実際に，男子を８人，女子を５人前に出させます。そして問います。

「どちらが多いですか？」「男の子」「何人多い？」「３人」「正解！」

そして「今日は，これを計算の式を書いて勉強します」と言います。それから，教科書の文章を音読するのです。そうすると，先ほどの男子と女子の

「動作化」で文章題もイメージしやすくなります

やり取りを見ていたので、文章がスッと頭に入ってきます。こういう文章題の扱い方もあります。

③ 問答方式

　教師との質問のやり取りで式をたてさせる方法です。

　例えば、次の問題です。「砂場で7人遊んでいました。5人来ました。その後、8人帰りました。砂場で遊んでいるのは何人でしょうか」音読をさせた後に、問います。

　「どこのお話ですか？」「砂場」「砂場には、だれがいた？」「子ども」「何をしていたの？」「遊んでいました」「そう、砂場で子どもが遊んでいたというお話だね」と文章の全体像を押さえます。

　次に、問いながら文章題を読ませていきます。「砂場に何人いましたか？」「7人です」「ノートに7と書きます。次、5人はどうしましたか？」「来ました」「来たということは増えますか？　減りますか？」「増えます」「増えるということは何算ですか？」「たし算です。7の続きに、＋5と書きます」……というように、質問をしながら文章を確認させていくというやり方です。慣れてきたら、教師の質問や指示を減らしていきます。

- □ 動作化や問答により、文章題の内容理解が深まる
- □ 動作化、変化のある音読が入ると気分転換にもなる

55 計算問題で欠かせない 1時間1回の「先生チェック」

落ちこぼしなくチェックができ，子どもも気分転換に！ 長蛇にならないコツも伝授します。

■ 先生チェックの仕方

　子どもに計算問題をさせるとき，私は「先生チェック」を入れます。
　先生チェックのやり方は簡単です。私のところへノートを見せに来させるだけです。
　45分間の授業のうち，最低1回は先生チェックを入れています。
　先生チェックは2問目で行うことが多いです。
　1問目でチェックすると，すぐに長蛇の列ができてしまいます。騒がしくなってしまいます。
　3問目以降にやると，間違っていた場合，全部やり直しとなり，算数が苦手な子はやる気がなくなってしまいます。
　2問目なら列はそれほど長くならず，やり直しても苦になりません。
　一人のマル付けに要する時間は，2秒程度です。「そう！」「正解！」「合格！」など力強く一言でほめます。間違っていても，「おしい！」と一言言うだけで，細かな解説はしません。子どもによっては一言ヒントを言う場合はあります。

■ 先生チェックのよさ

① **全員のノートの書き方，計算の仕方，解き方がチェックできる**

　一人残らず確認できるので，落ちこぼしがなくなります。だれができていて，できていないか分かります。どこが間違えているのかも分かります。ノートの書き方，計算の仕方を徹底することができます。結果的に，全員を伸ばすことができるようになるのです。

2問めで先生チェックをします

② 子どものつまずきにその場で対処できる

　できていない子を放っておくことがなくなります。間違っていた子には二通りの指導があります。自力でできそうな子には×だけ。できそうにない子には，一言解説をします。あるいは途中まで書いてあげます。

　単元のテストよりもずっと前に子どもの理解度を把握できます。

③ 1対1でほめることができる

　対面式で目を見て，ほめることができます。場合により，ハイタッチもできます。1対1で先生にほめてもらえるというのは，子どもにとってすごくうれしいようです。

④ 子どもにとって気分転換になる

　先生のところに立ち歩いていくことができます。この歩いていくのがポイントです。座り続けるよりも，ずっと集中力が高まります。

⑤ 礼儀指導になる

　先生にマル付けをしやすいようにノートを両手で出し，目を見て「お願いします」と言わせます。最後は「ありがとうございます」と言わせます。先生チェックは礼儀指導にもなるのです。

- □ 混乱を防ぐため，子どもが歩く導線は，一方通行にしよう
- □ 速さに個人差があるため，問題数は6問以下がおすすめ

56 時間調整にも便利！大人気の「子ども板書」

すべての問題が終わったら黒板に書かせます。動くことでストレスも発散。黒板に書くためにがんばるようになります。

全部できた子どもから，板書をさせる

計算問題をするときにおすすめの技を紹介します。

次のように指示をします。

「①～④までやります。①②が終わったら１回ノートを持ってきます。④まで終わったら，またノートを持ってきます」

このように問題数は３問以上６問以下がおすすめです。３問以下だと習熟にならず，すぐに終わってしまいます。７問以上だと個人差がつきすぎます。

次に，「先生チェック」（詳しくはp.120～参照）をします。

全部できた子から板書をさせます。右ページの写真のように，黒板をあらかじめ４分割（８分割）しておきます。先着４名（人数が多い学級なら①①②②……というように８名）が，１人１問，黒板に式と答えを書きます。

板書が終わった子，板書ができなかったけど全問解き終わった子（５人目以降の子）のために，少し難しい問題を黒板の隅や教室の後ろのボードに板書をしてきます。この間，先生はつまずいている子を指導します。

４問の板書が終わったら，①を板書した子から順に，式と答えを発表させます。他の子は，マル付けをします。

子どもに板書をさせるメリット

① **時間調整 「やることがない」をなくす！**

板書をさせることで，計算が速い子と遅い子との時間調整になるのです。全部終わった後，他にやることがないと遊ぶ子どもが出てきます。以前，早く終わった子に，板書ではなく別の難しい問題をさせることで時間調整をし

黒板を分割して1人1問の板書スペース

ようと思ったことがあります。しかし，やってみて2つ気付いたことがあります。

1つは，早い子は難問を解くのも速いということです。すると，また他にすることがなくなってしまうということがあります。もう1つは，別の問題をすると，思考がバラバラになってしまい，最初の①〜④の問題に集中しづらくなってしまうような気がしました。

② **立ち歩ける　気分転換**

「先生チェック」（p.120〜）でも述べましたが，先生チェック，板書，教室後ろの問題を見るとき，というように立ち歩くことで気分転換になります。座り続けていたストレスを発散すると，集中力が高まります。メリハリがつくので，だれることなくずっと集中して学習できます。

③ **黒板に書くのが楽しい　喜ぶ　誇り**

子どもは板書することに憧れをもっています。いつも先生が書いている光景を見ているからです。しかも，先着数名しか書けないのです。子どもたちは，こぞって板書しようと問題を解くのをがんばります。

- □ 板書が早い子には「丁寧だともっと伸びる」と言って時間を稼ぐ
- □ 板書の字は「自分のぐー（こぶし）と同じ大きさで」と指示

57 つまらない計算練習が180度変わる「計算道場」

子ども自身が問題をつくり，友達同士で解き合う。これだけで，計算練習に意欲10倍で取り組むようになります。

どの子も計算問題に熱中する方法

子どもが熱中する計算練習の方法を紹介します。その名も「計算道場」です。計算道場の実践は，香川県の黒川幸宣氏から教わったものです。

私は，多くの先生方がされているように，プリントやドリルを使って習熟させています。しかし，計算単元の中に1，2回でも計算道場を取り入れると，「計算道場コール」が鳴りやまないほど子どもは熱中します。

「計算道場」のやり方

一言で言うと，子どもがつくった問題を別の子が解くという学習活動です。以下，流れと解説を記します。

① 問題を1問だけ作る

1問だけ計算問題を考え，ノートに書かせます。

計算の単元ならどの学年でも応用可能です。たし算，ひき算，かけ算，わり算，小数，分数どれでもできます。

② 先生チェック

先生のところへノートを持って来させます。先生は正確さ，丁寧さを評価します。

③ 問題を板書する

マルをもらった子は，写真1のように板書をします。上段に問題と名前を書きます。先生は，6～10人程度が書けるように黒板を区切っておきます。

先着6～10名が板書できるという形です。

④ 板書できなかった子，板書を済ませた子は別の子の問題を解く

写真1　考えた問題を板書
問題の下には作成者の名前

写真2　友達の問題を解いたら
問題の下段に記名

　友達の問題を１問だけ選んで解きます。できたら，先生チェックです。
　正解なら問題をつくった子の下段に自分の名前を書きに行きます。それを示したのが写真２です。

⑤　他の子の問題をどんどん解く

　問題を解き，先生に見せ，名前を板書できたら，他の子の問題を１問選んで同じことを繰り返します。

⑥　５人（10人）が問題を解いたら消して，別の問題を書く

　これは黒川実践を修正したものです。
　問題を書けるのが先着○名と決まっていると，ほぼ毎回同じ子が問題を書き，一度も問題を書けない子が出てしまうことがあります。
　そこで，ある子の問題を５人（10人）が解いたら，その問題を消してよいというルールを取り入れました。空いているところには，先生チェックを受けた子が新たな問題を書きます。
　「休み時間いらない！」という子が出てくるほど燃えるはずです。

- □　条件（たし算なら繰り上がりの有無，かけ算なら何桁×何桁かなど）を明確に示そう
- □　「すべての問題に自分の名前が書けたらすごいな」と挑発の声かけをすることでさらに燃える

58 分度器や数直線に視線が集中！魔法の言葉「ストップ！」

角度や長さの指導において，特定の数値で「ストップ」と言わせるだけ。テンポよく繰り返して集中力をアップさせましょう。

■「ストップ！」と言わせる集中技

視線を一点に注目し，一斉に「ストップ！」と言わせると子どもは実によく集中します。具体的には以下のように指導します。

① 分度器の授業

「90度のところで，ストップと言いましょう」

指示棒や指で，分度器の0度から上にゆっくりなぞっていきます。85度を超えて，90度になったところで，子どもたちが「ストップ！」と言います。「よくできた！」と短くほめて，すぐに「60度でストップ」と指示をします。これを繰り返します。

② 小数の数直線の授業

「1.5のところでストップと言います」と指示をします。

目盛の0から右へと，指示棒を動かしていきます。1.5のところで「ストップ！」と言えたらほめます。「次は1.2でストップ」「0.9」とやり方を変えずに，数字を変えて繰り返します。

③ 長さの問題

これも同じように指導できます。

「1.3m，130cmでストップと言います」

「5.5cmでストップと言います」

「0.7cmのところでストップと言います」

cmの問題は拡大させた目盛を用意します。

子どもは「ストップ！」と言うために，まばたきせずにじっと指示棒と目盛を凝視します。

「1.5のところで，ストップと言いましょう」

一斉に声を出す応用編

「ストップ！」以外にも，声を出して集中させる場面は数多くあります。

① **分数**

仮分数，真分数，帯分数と言う用語を押さえる指導です。

「先生が書く分数が何分数か言います」

2分の3を書いた途端に「仮分数！」と言います。さっとほめてすぐに次の文数を書きます。2と3分の1と書いたら「帯分数！」と言います。このように，3種類の分数をランダムに書いていきます。

② **偶数・奇数**

偶数，奇数を定着させる指導です。

「偶数か奇数か言います」と言って，どんどん数字を書いていきます。

書くたびに「奇数！」「奇数！」「偶数！」「奇数！」と子どもたちが言います。

他にも応用が利きます。試してみてください。

- ☐ ほめたらすぐに問題を出してテンポよく進める
- ☐ 長時間やると集中力が切れる。毎日，5分以下で繰り返そう
- ☐ 目盛の問題は，全員が見える大きさを提示すること

59 ふか〜く集中できる「間違い探し式答え合わせ」

正解，不正解の理由を見つけるために，自然に考える力が付きます！　友達と話し合うことで，授業も活性化します。

■ 一問一答よりも，知的で盛り上がる！

先生　「式と答えを書けた人？」ある子を指名。
子ども「はい。6 + 7 です」
先生　「よくできました。次……」

　たまには，このような一問一答式ではなく，間違い探しと間違えている理由を説明させる問題で思考を鍛えましょう。

　例として，1年生の文章題を挙げます。

　「えんぴつが5ほんあります。きょう，おかあさんから3ぼんもらいます。えんぴつは，ぜんぶでなんぼんになるでしょうか」

　この文章を絵に表す問題です。音読を繰り返します。イメージをもたせるためです。すぐに絵を描かせるよりも，おすすめなのが下の方法です。

　右ページの写真のように，教師が黒板に4つの絵を描きます。「1」は鉛筆の絵です。「←」は「もらう」の意味です。

■ 正解よりも，不正解を見つける間違え探しだから集中する

　右ページの写真の中で，正解はCです。が，ここでは「正解はどれですか？」ではなく，「明らかに間違っているものはどれですか。1つ選びましょう」という指示にします。こうした方が，答え方が明確になるからです。

　初期は「△△は間違っています。なぜなら〜からです」と話型を板書します。挙手指名で，子どもに説明をさせます。

　1つずつ，おかしなものをつぶしていきます。自分で考える時間は必ず取ります。1分ほどです。その後，隣同士で話し合わせることもあります。そ

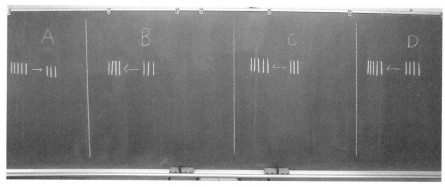

4つのパターンを板書する

うすると，答えに自信がもてるからです。こうやって，最後に正解を見つけていきます。

　もう1つの例として，2桁×2桁の計算の仕方を挙げます。この問題も1つずつ不正解の理由を発表させ，正解を見つけ出していきます。

A	B	C	D
35 ×　49 　315 1220 1535	35 ×　49 　315 　140 1715	35 ×　49 　315 　140 　455	35 ×　49 2745 　140 4145

　このように文章題の立式，図形の面積の求め方，割合の式，分数の計算の間違え探しなど，多くの単元で使えます。単元の途中で1，2回入れるだけで，子どもたちが集中して思考し話し合うので，授業が活性化します！

- □ 間違い探しだから，どの子も思考する
- □ 絵や式が提示されているので，考えやすいし答えやすい
- □ 個人で考える時間，隣同士で話し合い時間を確保しよう

60 朝会でビシっと整列できる！よい子に着目の「その場評価」

> 注意するだけでは「いたちごっこ」。よい子をきちんと評価。何がよいかを子どもたちに考えさせ発表させることで，さらに定着！

授業外

■ 他の先生の視線を気にする自分

全校朝会ではよく悩みました。

自分の思い通りにしてくれない子どもがいたからです。ふらふらする子，落ち着きがない子，隣としゃべる子，後ろを向く子……。

そのたびにイライラしていました。が，よくよく分析すると，私は他の先生によく見られたい，学級経営がダメだと思われたくないという気持ちがあったことに気付きました。この意識を変え，朝会で子どもを育てるための工夫を考えるようになりました。

■ いたちごっこはもう終りに

たくさん試行錯誤しました。気になる子に，近寄って声をかけたり，注意をしたり，肩に手を置いたり，ときににらんで脅したり……。一向に変わりません。いわゆる，いたちっごでした。

■ 評価はその場主義で，思考させ，気付かせる

よい子に目を向けるようにしました。

朝会後，自分の学級だけその場に残して，言います。教室へ戻る前が大事です。

「〇〇くん，〇〇くん，〇〇さん……」，休めの姿勢をきちんとしていた子，礼をきちんとした子を立たせます。そのことは伏せて，立たせます。

「どうして，この人たちに立ってもらったか分かるかな？ あることができていたんだね」答えは言いません。

悪い子を注意するのではなく，よい子に注目します

　これを２，３回朝会後に繰り返します。答えは伝えませんし，言わせません。答えに気付きはじめた子には，こう伝えるだけです。
　「分かった人は，立派。次の朝会でそれをやってごらん」

■ 答えは，半分以上の子が気付いてから

　次の朝会でまた同じことをします。そして聞きます。
　「どうしてほめられたか，分かった人？」
　指名して答えさせます。
　気付いた子どもたちを思い切りほめた後，伝えます。
　「校長先生や前に出る先生，他の学年の人は真剣に話しています。そういうときは，今話してくれたような姿勢で聞くようにしましょう。君たちなら立派にできます」
　以後，評価を継続していくことで，姿勢はさらに定着していくはずです。

- □ 評価はその場で！　教室へ行ってからでは遅い
- □ 何がよかったのか思考させることで気付かせる
- □ 最後の最後まで考えさせてから，答えを言わせることで，先生から「やらされている感」を感じさせない

61 全校朝会, 学年集会で「聞くモード」をつくる話し方スキル

大人数の子どもたちが集まると騒がしくなりがち……。子どもたちが集中する話し方スキルを身に付ければ心配無用です。

朝会, 集会で話すときの基本技3

全校朝会, 学年集会で子どもを静かに集中させることができる先生には, 共通点があります。それをまとめました。

① 視線

子どもの前に立ったらすぐには話しません。まずは全体を見渡します。2, 3秒です。アルファベットのNとZを書くように視線を動かして, 子どもたちを眺めます (p.12～参照)。すると, 子どもはこちらを注視します。

② 意図的に小声を使う

座った状態から立つとき, 反対に座るとき, 校長先生とのあいさつの前など静かにさせたい場面では, 小声で話します。「先生が3つ数えたら, 口を閉じて音を立てずに座ります。3つ, 2つ, 1つ……」これをゆっくり静かに言うと, 子どもたちはスッと無言で座ります。

③ 抑揚, 間

整列の号令をかけるとき, どちらがよいでしょう。

A 「前へならえ」
B 「前へぇ……, ならえっ！」

これは, Bです。子どもに声をかけるときは, 間と抑揚が大事です。実際にやって確かめてください。子どもの動きが大きく変わるはずです。

話に集中させる技　3回ほめる

話し終えるまでに3回ほめましょう。1回, 2回, 3回とほめるにつれて, 集中する子どもが増えます。子どもは, ほめられると, 自分に関心があると

実物があると一気に注目します

感じます。自分に関心を向けてくれる人の話はしっかりと聞きます。

ほめるポイントは、あいさつ、礼、聞き方、姿勢、整列の仕方、時間内に整列できたかどうかなどです。

例えば礼の場合。一歩前に出て礼をして見渡します。「先生の動きを見て、おじぎをした子は立派です。しっかり見ていましたね」これだけでも、ぐっと集中して聞くようになります。

話に集中させる技　モノを用意

実物を用意しましょう。筆箱、植木鉢、一輪車、ポスターなど、伝えたいテーマに合うモノを用意します。これだけで集中度が違います。

具体例で説明します。生活指導の目標が「整理整頓をしよう」だったら、道具箱を用意します。

そして言います。「（くしゃくしゃのプリントを見せて）こういうのが入っている人はいませんか。（丸まったティッシュを見せて）いつのものか分からないちり紙がありませんか。高学年の人は教科書を置いて帰ったりしていませんか。今日中にきれいにしましょう。先生が休み時間に机の中を確認しに行きますからね（笑）」

- ☐ まずは目線，小声，抑揚，間を意識しよう
- ☐ 話すときは3回はほめて，モノを用意すると集中する

62 朝自習を静かにさせるための四原則

> 朝自習に子どもたちがきちんと取り組めず，職員朝会の時間にモヤモヤ……　そんな状況を脱却する原則があります。

朝自習を静かにさせる原則

朝自習を教師なしで静かにさせる原則は4つあります。
①事前指導　②明確な課題　③的確な評価　④毅然とした指導
これら4つが満たされると，確実に静かに落ち着いて朝自習ができます。

原則1：事前指導

「朝自習の時間，君たちは静かに過ごせますか？　難しいようなら，うちだけ先生がずっといてあげますけど，どうしますか？」と挑発する方法。

「朝自習は先生がいない。つまり君たちだけで過ごす。その10分間で『ある力』を高めることができるんだけど分かるかな？　どんな力を伸ばすことができる？」と共通の目標を定める方法。

「朝自習は静かに子どもだけで学習する時間です。学校の大事な決まりです。絶対に静かにしましょう。君たちならできる」と決まりを教える方法。

いずれにしても，先生のねらいにあった事前指導をしましょう。事前指導をすることで，「よーし」と心構えをつくることができるからです。

原則2：明確な課題

一言で言うと，質問が出ないものがよいです。

読書，視写，計算など，やることがハッキリしている課題にしましょう。読書の場合は，席を立ち歩かずにすむように，事前に選んでおくようにさせましょう。そうすれば，隣同士でヒソヒソ聞き合ったり，全体が混乱したりすることはありません。

四原則があれば先生がいなくても安心

やり方が分からない，どこまでやればよいのか分からない，終わった後何をすればよいのか分からない。こういう事態は避けましょう。

原則3：的確な評価

職員朝会が終わって，教室に戻ります。

静かな場合。ほめましょう。静かに学習したこと，課題に取り組んだこと，集中していたこと，教師なしで自分たちだけで過ごせたことを評価します。

きちっと行動が価値付けられるからこそ，子どもは「次も，がんばろう」という気持ちになるのです。評価をし忘れてしまうということは，教師自身が朝自習の指導に対して本気じゃないということの表れです。

原則4：毅然とした指導

静かに過ごせない子には，次のように指導します。「あなたには正しい使い方が分からないようなので，一時的にこちらで管理します」と言って筆箱やノート等を預かります。あるいは，「君だけ，職員朝会のとき先生と一緒にいる？」と問います。そして次の日にがんばれるかどうかを決断させます。翌日，できたらほめてあげましょう。

□ 隣の学級も静かに過ごせるように，学年間で連携をとる
□ 4月当初から徹底することが肝心

63 朝の会はねらいに応じてテンポよくカスタマイズ！

> キーポイントは「学年」「実態」「教師の思い」。必ずねらいを盛り込んで意味のあるものにしましょう。

■ 朝の会　ある一つのやり方

　朝の会の内容は学年，実態，私自身の思いの３点によって，内容はかなり異なります。子どもに定着させたいことにより，内容を変えるのです。１年生を担任していたときの朝の会を紹介します。

　司会は日直です。

　最初は話型を用意します。話型に沿って解説しています。

① **あいさつ**

　「あいさつをします！」「はい！　全員起立！」「おはようございます！」と最初に全員であいさつをします。

　次に，「隣同士であいさつをしましょう！」と言います。あいさつの後，握手やハイタッチをさせるのもありです。明るくなります。着席します。

② **ハンカチ⇒筆箱⇒道具箱の確認**

　「ハンカチの確認をします」

　「ハンカチを持って来た人は，頭の上に乗せてください」

　「持って着ていない人は，持って来るようにしてください」

　「筆箱の確認をします」

　「削った鉛筆が，３本以上ある人は，手を挙げてください」

　「削っていない人は，削るようにしてください」

　「道具箱の確認をしますので，出してください」

　「先生，お願いします」　先生が一人１秒くらいで「きれい！」「いいね」「やり直し」と評定していきます。

　②の３つの確認は，テンポよくやらせます。全員が片づけ終わるのを待た

2章 子どもがパッと集中する！授業のワザ74

ハンカチチェック！持ってきた人は頭に乗せましょう！

ずに次の指示をさせると，空白の時間がないため私語が出なくなります。

③ クラスの目標の音読

「クラス目標を音読します！」声をそろえて読むことで一体感が生まれます。気持ちもすっきりします。ここで発散させておくので，次の黙想にスッと入ることができるのです。

④ 黙想（詳細は p.46〜参照）

⑤ 先生の話

「先生のお話を聞きましょう。姿勢を正してください！」

まずは一日の予定を伝えます。

次に，職員朝会で話題になったことを話します。

最後に，5個の質問をします。子どもにできるようにさせたいことを問うのです。1個20点で，一つずつ挙手させ，指も折らせます。

「1つめ，宿題を出した人？　2つめ，自分から先に先生にあいさつをした人？　3つめ，昨日家の手伝いをした人？」というような内容です。

□ 「このやり方」の場合は，気持ちのよいあいさつ，身の回りの物の管理と整理，クラス目標を読む一体感，黙想，行動のふり返りがねらい。
□ ねらいに応じて，朝の会をカスタマイズしよう！

64 トイレ移動も騒がしくならない！5分休みの廊下歩行

「人の振り見て我が振り直せ」。他の学級が騒がしく歩いていたら，さぁ，指導のチャンスです！

廊下を静かに歩く ①趣意説明 ②実感

　トイレ休憩のたびに，廊下が騒がしくなってしまうことはありませんか。
　授業中や先生が話をしているときに，子どもたちが廊下でおしゃべりをしていると実に迷惑です。廊下は静かに歩くということを確実に指導していきましょう。

① **趣意説明**

　簡単です。次の趣意説明で伝わるでしょう。
　「廊下は静かに歩くところです。廊下が声や足音で騒がしいと，教室で話す声も聞こえづらくなります。だから，廊下は静かに歩きます」
　しかし，これだけでは定着することはありません。

② **実感**

　授業中，他の学級の子どもたちが廊下で騒がしくしているときがあります。チャンスです。「今，どう感じる？」と問い，「廊下がうるさいと困る。こんなに気が散るんだ」ということを実感させるのです。

静かな廊下歩行を定着させるために

① **やらせてほめる**

　「今から5分休憩にします。トイレに行くときに，大事な2つのことは何ですか？」と問います。指名して「しゃべらないで静かにする」「静かに歩く」を出させます。できていたらほめます。
　これが一番簡単な方法です。しかし，1年中こればかりやっては，子どもたちは育ちません。

「廊下でしゃべるとこんなにうるさいんだ！」を実感

② 指示語で考えさせる

「あれとあれに気を付けて，5分休みにします。『あれ』で分かる人はいるかな？」と問います。

①と同様に，指名して答えさせます。分かっていることをほめます。

子どもたちと一緒にトイレに行ったり，先生は行かずに子どもたちに聞いたりして，確認をします。この確認は大事です。できていたらほめます。

③ 事前の指示なし

①②で静かな廊下歩行ができてきたら，次の段階へ移行します。

トイレ休憩が終わった後にこう言います。

「この5分間の君たちを見てすばらしいと思ったことがあります。それは何でしょう？」

子どもたちに廊下歩行の自覚があれば答えることができます。答えた子を思い切りほめましょう。

□ 先生が廊下で静かに歩くようにしよう！　油断してしゃべったりしないように（「ヒドゥンカリキュラム」p.37参照）
□ 同じフロアーの先生方にほめてもらうように話しておくと，より効果的

65 静かに教室移動ができるようになる 先生との「勝ち負けゲーム」

注意するだけではなかなか静かになりません。子どもたちが思わず挑戦したくなる仕掛けをしましょう。

しゃべらず我慢できたら君たちの勝ち 注意をされたら先生の勝ち

　教室移動は入学式（他の学年は始業式）の直後から指導します。
　体育館で入学式が終わり，教室へ向かう際にこう言います。
　「これから教室までこの廊下を歩いていきます。廊下は静かに歩くところです。しゃべらないでがまんできたら君たちの勝ちです。先生から『静かに』と注意をされたら先生の勝ち。先生に勝てるかな～？」
　少し進んだら，止まって確認します。
　「おしゃべりを我慢できた人？（挙手）すごいな～。最後までできたら君たちの勝ちだな～」とほめます。
　途中でもう１回確認をして，ほめます。
　なぜ途中で止めるのかと言うと，あまりに長い距離を歩かせてしまうと途中で我慢できずおしゃべりをしてしまう子が出るからです。そうなると注意しなくてはなりません。ここは，成功体験を積ませる場面です。相手に勝たせる必要があります。
　最後に確認します。「我慢できた人？（挙手）すごいな～。君たちの勝ち～！」と言ってほめます。
　これを数回やり，静かに歩くのが定着をしたら，次のような一言で挑戦意欲を高め，レベルアップを図ります。
　「忍者歩きで移動をするよ。敵は先生だから，敵に注意されないようにね」
　「この前は，君たちが勝ったけど，今日はどうかな～。我慢できるかね？」
　「今日は先生なしで移動できる？　まだ無理かな？　どうする？」　いずれの場合も，できたらほめることを忘れずに。

おしゃべりを我慢できたら子どもたちの勝ち！

前の子と間を詰める指示　足音を消す指示

　歩いている途中で，よく前の子と間が空きすぎてしまうことはないでしょうか。そんなときは，先手を打って次のように指示をします。

　「先生が前に詰めなさいと言ったら先生の勝ち。自分たちで前に詰めたら君たちの勝ち」

　あるいは次のような話をします。

　「ここだけの話なんだけど，前の子と間を空けてしまう子がたまにいるんだよね。特に，小さい学年の子たちね。簡単なことなのにね。先生が今まで教えてきた君たちの先輩は，言われなくても詰めることができたけど，君たちもできるよね？　無理なら，その都度教えてあげるけど，どうする？」

　こうやって，自分たちで詰めざるを得ない状況にもっていくのもありです（笑）。

　廊下の足音が気になる場合は，次のように教えます。

　「廊下は，かかとから床に付けます。階段は，つま先から付けます。そうすると，足音がならないよ」と言って実際にやらせます。

　今回紹介したやり方は，多くの学年で応用が利くと思います。

- [ ] 勝ち負けゲームで，静かに歩くことを習慣付ける
- [ ] 挑戦意欲が高まる言葉かけをしよう

給食を7分以内で準備する「居酒屋方式」

> 給食配膳の定番は「カフェテリア方式」。しかし土作流の「居酒屋方式」なら時間短縮できます。

育っている学級は，スピードが速い！

ある先生が言っていました。
「学級の子どもたちのスピードは，子どもたちの育ちのレベルに比例する」
確かにそうだと思います。
速さだけではなく，丁寧さも大事です。しかし，速いということはそれだけ集中し，手際よく活動できているということです。給食準備も同様です。ふざけたり，私語が多かったりすると，そうはいきません。

土作彰氏の「居酒屋方式」（←西野が勝手に命名）

多くの学級は，カフェテリア方式だと思います。一人ずつトレーをもって配膳台の前に並んでいき，給食当番に食器をのせてもらうやり方です。
それよりも，奈良県の土作彰氏の実践の方が速いです。カフェテリア方式だと平均10〜15分が，土作氏の実践だと平均5〜7分です。私の知っている限り最も速いやり方です。

① 土作学級など速い学級の映像を見せる

これが最も簡単で分かりやすいです。素早い学級の映像を見ることで，イメージがつかみやすくなります。映像に映っているのが，同じ小学生だということが刺激になります。「よし，僕たちもこの子たちより速くするぞ！」という気持ちが生まれます。

② 居酒屋方式のやり方（詳しくは，土作彰氏の「明日の教室」DVDをご覧ください）

まず，当番以外の子たちがトレー，箸等を全員の机の上に置いて行きます。
当番はカフェテリア方式と同じように，配膳台で食器に給食を盛り付けま

2章 子どもがパッと集中する！授業のワザ74

居酒屋方式

す。当番一人につき，もう一人サポート役が付きます。サポートの子は片手で空の食器を当番に渡すと同時に，反対の手で当番が給食を入れてくれた食器を受け取ります。

次に，運び屋さんがサポートの子から盛り付けをされた食器を受け取ります。運び屋さんは，右手と左手に食器を持ってトレーに置いて行きます。運び屋さんは，サポートの子がいる場所とまだ配っていないトレーを何度か往復します。運び屋さんは1つの食器に3，4名でよいでしょう。

手が空いている子は？

育っている学級であれば，おのずと子どもたちが動くでしょう。そうでなければ，教えましょう。

当番やサポートや運び屋ではない子は，プリント，宿題を配布します。机の右側に小さく折って置いてあげます。それも終わったら連絡帳を書きます。

こうすると，帰りの準備がとても速くなりますよ。

□ 栄養士さん，学級の先生と話し合ってからやろう
□ 速くできるようになったら，どうしてこんなに速くできたのか話し合い，「成功の追究」をすると速さが安定する

67 掃除モチベーションUPの「汚いところ探し」と「気持ち悪い体験」

汚い教室を体験すればきれいの大切さを実感。子どもたち自ら掃除するようになります。

「なぜ，掃除をするの？」から始める清掃指導の導入

子どもは実感して納得したとき，自ら動き出します。やらされていると思うときは，行動は持続しません。なので，子どもに「だから掃除をするのか！」と思わせる指導が必要だと考えます。

年度初めの学級活動の時間を使って指導します。

問います。「なぜ，掃除をするの？」

たくさんの意見が出るはずです。意見を板書します。その中から「汚れているところをきれいにするため」「気持ちがよくなる（スッキリする）から」という2つの意見を取り上げます。

汚いところ探し

「『汚れているところをきれいにするため』という意見が出たので，実際に汚い場所はどこなのか，それを見つけてみましょう！」

教室をはじめ，分担箇所に行き，汚いところを探しに行かせます。

5分経ったら，どこが汚かったか発表させます。できれば，口頭ではなく，全員でその場へ行って確かめた方が効果的です。

教室に戻り，言います。「汚れているところを色々と確認したけれど，結局のところ，主にどこが汚いかをまとめましょう」

「隅」という意見に落ち着くはずです。

ここで，隅っこをきれいにするためのほうきのはき方，雑巾のふき方を教えるのです。動機付けができているので，全員に定着するはずです。雑巾は四角くふく，ほうきの先はひざより上にあげないなど。

汚いところ探し

「気持ち悪い」空間

気持ちがスッキリするという体験をしてみよう！

　「気持ちがよい」を実感させるために「気持ち悪い」を体感させてみます。そうすることで，違いがはっきりし，より「気持ちよい」がどんなものか分かるからです。

　汚いところ探しが終わったら言います。

　「『気持ちよい』を感じる前に，反対の『気持ち悪い』を先に感じてみましょう」

　おもむろに（数日前からゴミをためておいた）ゴミ箱を持ち上げ，バァ〜っとゴミをぶちまけます。子どもたちは熱狂するはずです（笑）。

　「この汚れた空間で生活します。授業をします」と言って，本当に1，2時間授業をします（実際に私は，その状態で給食を食べてしまい，栄養士さんに叱られた経験があります（泣）。

　ここで，感想を発表させます。そして掃除をします。

　掃除が終わったら，また感想を発表させます。掃除の重要性を強く感じているはずです。

- [ ] 実感させることで，子どもに掃除の大切さを気付かせよう
- [ ] この後は，まじめに掃除をしている子を評価し続けよう

68 プリント配布は「丁寧さ」と「礼儀」の指導チャンス

> プリント配布のわずかな時間も，ねらいをもつことで貴重な時間に生まれ変わります。

ねらい1　丁寧さ

丁寧さを身に付けさせたい場合はこの指導です。

・**低学年への指示**

（角をピッタリ揃えて折ることを指導した後）「次のプリントが来るまでに紙を折って，静かに待てたら100点だね。1年生にはむずかしいかな」

・**高学年への指示**

「角を揃えて折る。折ったものはピシッと右側にきれいに重ねていく。こういうことを丁寧にできる人は，字も，言葉も，掃除も丁寧になります。丁寧な人はミスが減るので伸びます。何よりも，人から信頼されます」

徹底する場合は，言って終わりではなく，確認と評価とやり直しが大事です。できている子はほめて，やっていない子にはやり直しをさせましょう。

ねらい2　礼儀と優しさ　その気持ちよさ

礼儀，優しさを伸ばしたい場合はこれです。有田和正先生，土作彰先生の実践として有名です。

プリントを配るときは，体をひねって目を見て両手で「どうぞ」や「はい」，受け取るときは目を見て「ありがとう」と言わせることを徹底します。これは直接的に教えても，「間違い探し」（p.16～参照），「AとBの比較」（p.18～参照）で指導してもどちらでもよいです。

これを2週間継続して徹底します。定着したら，一度あえて目を見ず無言で，頭越しに片手で渡すようにやらせます。どんな気持ちがしたか発表させます。たいてい，「嫌だ」「寂しい」「冷たい感じ」といった意見が出ます。

そして選択をさせます。「今日みたいに，無言で目を見ず片手で渡すのと，君たちが立派にやってきたように，両手で目を見て一言言って受け渡すやり方。これから先，どちらがよいですか？」

礼儀正しく，優しさをもってプリントを受け渡す気持ちよさを知った子どもたちは，これまで以上にしっかりとやるようになります。

礼儀正しくプリント配布

ねらい3　目上の人への礼儀　多動の子対応　教師との関係づくり

教師への礼儀を徹底させたいときにはこの方法です。この方法は，多動の子，動きたい子を生かすねらいもあります。また教師と個別に関わるので関係づくりもできます。

指示はこれです。「プリントを配ります。班で一人来なさい」

子どもは教師の前に列を作り，元気よく言います。「3班です。5枚お願いします！（ください！）」　他のプリントがある場合は，別の子に取りに来させます。

遊び心を出して，次のやり方をする場合もあります。

「先生にほめられたい，先生をほめたいという人，班で一人プリントを取りに来なさい」これをすると空気が温かくなります。

- □ プリント配布で育てたい力（ねらい）を明確にしよう
- □ ねらいに応じて，プリント配布の仕方を変えてみよう

69 帰りのしたくが2分で終わる！「ベロン作戦」

パッと終われば先生も子どももストレスなしに。騒がしくならずに素早くしたくができる手順をご紹介します。

最も早い方法を研究！ 「中身は先出し，ベロンは後ろ作戦」

帰りのしたくの際のわしゃわしゃ～っとした騒がしい時間にイラッとくる私は，帰りのしたくを素早くする方法を研究しました。

今，私が知る限り最も早いと思う方法を紹介します。その名も，「中身は先出し，ベロンは後ろ作戦」です。

【9つの手順】 右ページイラストを参照

1. 座ったまま，道具箱を机の上でひっくり返し一気に中身を出します。
2. 中身をトントンして揃え，きれいにまとめます。
3. まとめた物を机の通路側ではなく友達側に置きます。
4. ランドセルを持って来て教科書類の反対側に置きます。
5. 「ベロン」（ランドセルのカバー面）は後ろ側に開けます。

ここで，合言葉を入れます。

先生「ベロンは」→**子ども**「うしろ！」

6. 立ったまましたくをします（その方が速いです）。
7. カバーを開けたら，教科書類を全部持ち，中へ入れます。
8. できた子は，机の整頓をさせます。

1年生の場合，応用として，早くできた先着5名に「たかい，たかい」をしたり，握手をしたりすることもあります。

さらにレベルアップを図るなら

① **タイムを計り，板書**

毎日，計ってどのくらい早くなったか全員で確認をします。目標のタイム

ベロン作戦

を決めて取り組んでもよいと思います。1分を切ったらものすごく早いです。1分30秒でも早い方です。2分を切れば合格だと思います。最初は，2分前後を目標とするとよいでしょう。

② 早い学級の映像を見せる

これも手です。集中すればこんなに早くしたくができるのだということを知るようになります。

③ わざとしゃべりながらダラダラやらせる

1か月ほどして早くなったら，一度は入れるとよいです。1回目はおしゃべりをしながら，2回目は集中して無言でスピードを意識してやらせます。その違いを体感させます。タイムも計ります。

子どもには言えませんが，この場合は1回目のタイムを少し遅くなるようにストップウォッチを操作することも一つのテクニックです（笑）。

そして次回以降，どうするか選択させます。言うまでもなく，2回目を選ぶでしょう。

- □ ベロン作戦を教えることで，スピードアップは確実
- □ マンネリにならないように，レベルアップを図ろう

校外学習や移動教室も静かに見学！ 「事前指導」と「怒りのサイン」

> 見学中の私語や注意がなくなれば，校外学習や移動教室が実りあるものになります。

■ 整列は事前指導でスムーズに！

　校外学習，移動教室で困るのが，整列です。私の場合は，並ぶのに時間がかかる，私語が多いということに困りました。
　が，これを簡単に解決できる方法があります。
　それが事前指導です。
　班ごと，あるいは2列，4列での整列を1，2週間前から練習するのです。毎日，3～5分だけです。これだけで全然違います。
　「君たちは，来週，社会科見学に行くよね。どうする？　かっこよくサッと並び，スッと話を聞けるような君たちで行くか。それともダラ～ッと並び，ペチャクチャ話しながら聞く君たちで行くか。(子どもたちは前者を選ぶ。)よし，じゃあ今から練習します。できるかね～。楽しみだね～」
　こんな形で趣旨を説明して，取り組みます。

■ 先生の怒りのサイン

　半分冗談，半分本気のネタです。校外学習の前に伝えておきます。
　「先生は，学校の外で大きな声で叱りたくない。君たちも嫌でしょう？　みっともないよね。だから合図を決めよう。先生が，～～したら怒っているというサインだからね。～～したらまずいと思って，何がいけないのか察して直す。分かった？」

【サインの例】
　帽子をかぶる。メガネを外す。サングラスをかける。携帯電話やスマホを皆に見せる。リュックをお腹の方にかける。寄り目をするなど。

メガネを外したら怒っているサイン！

事前に映像，写真，パンフレットでガイダンス，クイズを！

　校外学習を実りあるものにしましょう。お金も時間も手間もかかっています。学習する意識が低いと，騒いだり，ふざけたりしてしまいます。

　当日集中して学習できようにさせるためにも，調べ学習とは別に，私は見学先の映像，写真，パンフレットによるガイダンスとクイズをします。

　バスや電車から見える景色，見学先周辺の様子，建物の入り口，内部などを事前に写真や動画に撮りパワーポイントなどで見せて，問題を出したり，解説をしたりします。これだけで意欲は高まります。

　見学の際，「あ，授業の写真に映っていたあれだ！」と見る視点が入るので集中します。

　例えば，国会議事堂の見学のとき。「国会議事堂の中央部に台座が4台あります。（3台目までクイズや説明をして）さて4台目はだれが立っているでしょう。行って確かめてみようね」定番ですが，こういうことでいいのです。事前指導をして，学習意欲を高めましょう。

- ☐ 整列は1，2週間前に練習すれば当日は楽チン
- ☐ 先生の怒りのサインを伝えることで和やかにけじめがつく
- ☐ 事前にガイダンスをすることで，当日は集中力アップ

71 運動会の表現指導は「動きと言葉をセット」で決まり

「前に一歩出て気をつけをし，ジャンプを2回。その後両腕を前に3回まわし，両手をお腹の前で組む」……これを「動きと言葉をセット」にすると？

■「動き」は「言葉」とセットにすることで効果10倍

　運動会の表現を覚えさせるときの有効な技がこれです。

　「動き」と「言葉」をセットにした，おもしろフレーズ。

　難しい動きを入れたい場合はもちろんのこと，ほとんどの動きにおいて有効です。

　表現の動きは，口頭で説明しても子どもにほとんど伝わりません。むしろ，説明されればされるほど，子どもは混乱します。反対に，説明なしの動きだけだと「え〜っと，どうやるんだろう？」となります。

　そこで，おもしろフレーズと合わせて動きを指導します。スッと定着していきます。

　例えば，前に一歩出て気をつけをし，ジャンプを2回。その後両腕を前に3回まわし，両手をお腹の前で組むという動きがあったとします。

　読むだけでは分かりませんよね。当然，子どもたちは口頭で説明されても分かりません。

　これを「動き」のリズムに合ったおもしろい言葉（フレーズ）で伝達するのです。

　やりながら，言います。

　「一歩，気をつけ，トントン。ぐるぐるぐる。へそ！」

　これをテンポよく繰り返すだけです。そうすると，スッと入ります。

　余分な説明や叱責は不要となります。できている子をほめるだけで，他の子もどんどんできるようになっていきます。

余計な説明は不要。これだけで OK です

思考場面を与える

表現のポイントとなる動きは，思考させ見つけさせることで，より覚えがよくなります。「間違い探しゲーム」（p.16〜参照）の感覚でやると楽しく集中します。

「どう違うか分かる？」と言ってAとBを演示します。

A：足を伸ばしてリズム　　B：足を曲げてリズム

「分かった人？　ほんとかなぁ？」と言ってもう一度やります。「分かった人？」と再度問います。

ここから2パターンに分かれます。

1つは答えを言わせるパターンです。正解ならほめます。

2つめは「答えは言わないから，そのように踊ってごらん。気付いたとおりに踊ってごらん」と言う。そこでできていた子をほめ，全体に広げるのです。

ポイントとなる動きを，教師から一方的に「足を曲げなさい。曲げないとだめ。曲げた方がかっこいいの！」と指示するよりも，「思考」させて「あ，そうか！　だから曲げた方がいいんだな。よし，曲げよう」と子ども自身に気付かせた方が，覚えは早いですし，集中して取り組むようになります。

□ 「動き」と「言葉」をセットにしたフレーズで教える
□ 思考場面を与えることで，覚えが早くなる

校庭練習の砂いじりが激減する「勝ち負けゲーム」

運動会の校庭練習は誘惑が一杯。対処療法的な叱責では砂いじりはなくなりません。

対症療法的な叱責では「砂いじり」はなくならない

「砂を触るな！」「話を聞きなさい！　あなたに言ってるんです！」「まっすぐ立つこともできないのか！」だんだんと子どもたちの表情は険しくなり，「やらされている感」たっぷりのどんよりした空気が漂います。

運動会の練習がこんなことになってしまっては残念です。

多くの場合，体育館で動きの指導をしてから，校庭で隊形移動の練習をすると思います。私の実感では，校庭での指導は体育館よりも3倍は労力を使います。砂をいじり，おしゃべりをし，「まぶしい」「暑い」という理由でビシッと立てないという子どもたちが増えるからです。

冒頭のような叱責は，子どもが悪くなってからの指導です。すべて対症療法です。一向に子どもの砂いじり，おしゃべり，フラフラはなくなりません。「モグラたたき」「いたちごっこ」状態です。予防の観点がないのです。大事なのは，はじめから砂いじり，おしゃべり，フラフラをさせないことです。そのためには，校庭に出る前の体育館での指導が重要になります。

最後の体育館練習で語る「勝ち負けゲーム」

体育館練習が終わる前に以下のような話をするのです（p.140〜の「勝ち負けゲーム」を応用したものです）。

「これまで，ずっときみたちはほめられ続けてきました。話の聞き方，待ち方，体育座りの仕方，立ち方，どれもすばらしかったです。でも，今日で体育館練習は最後です。明日から校庭で練習をします。そこからが勝負です。

先生と君たちの勝負です。校庭練習は体育館練習よりもずっと大変です。

2章　子どもがパッと集中する！授業のワザ74

難しいです。校庭には砂があります。足を動かすとじゃりじゃりなります。足で絵を描いたり、砂をいじったりする動作をしてしまいます。こうやって、砂をいじりたくなります。でも今いる体育館はつるつるでただの板。これではだれも遊びません。

体育館と違って、校庭は日ざしを浴びます。まぶしいです。暑いです。まっすぐ立つのは疲れます。それで多くの子はまっすぐ立てません。

また、先生からの距離も遠くなるから、友達とおしゃべりがしやすくなります。先生の声が聞こえづらくなり、ついつい友達にちょっかいを出したくなってしまう。だから勝負なんです。

これまで通り、きちんと話を聞き、フラフラせずまっすぐ立ち練習ができたらみんなの勝ち。それができなかったら、先生の勝ち。

ちなみに、これまでの〇年生は、ずっと子どもたちが勝ってきました。それだけ先輩たちは本気でがんばってきたんだね。さぁ、みんなはどうだろうね？　毎年のように、先生に勝てるでしょうか？　明日が楽しみです」

- □ 毎回の体育館練習で、姿勢や態度をほめておくのが条件
- □ 語りの後に、まずは教室までの廊下歩行で勝ち負けゲームをしてもよい
- □ 校庭練習のはじめに、しっかり評価をすること

73 子どもの心を一瞬でつかむ！ 着任式のテッパンあいさつ

練習と度胸は必要ですが、「校歌のアカペラ」の威力は絶大です。

■ 校歌をアカペラで歌う！

これは実際に私が初任者の着任式で行ったものです。
校歌をアカペラで歌いました。
以下のような流れです。
朝礼台の上に立ちます。笑顔で一礼をします。
「私の名前は西野宏明といいます。西野先生の好きなことは3つあります。1つはサッカーです。2つめは子どもと遊ぶことです。3つめは歌です。その中でも歌が一番好きです。では、今からここで1曲歌います。聞いてください。この歌、みんなは知っているかな～？」
ここまでは、余分なことは言いません。本題に行くまでは、短いほどよいのです。
そして校歌を歌いました。1番だけ。歌って2秒。「うわっ」「えーっ」とざわめきが聞こえると同時に、約400人の子どもたちの目が、一瞬にして私に集まったのが分かります。にこにこの笑顔でこちらを見ています。
途中、緊張で歌詞が分からなくなり、手に持っていたカンニングペーパーをチラっと見てしまったのはご愛嬌です。
これは時間にして2分ちょっとです。他の方のあいさつにも迷惑をかけない時間で済みます。しかし、効果は絶大です。子どもの心を一瞬にしてつかむことができます。着任式が終わった後、数えきれないほど多くの子が、声をかけてきたのがその証拠です。
やり方は簡単です。赴任直後に、音楽の先生に校歌のCDと歌詞をもらい、あとは練習するだけです。あ、あと度胸は必要です（笑）。

2章　子どもがパッと集中する！授業のワザ74

「校歌のアカペラ」と「じゃんけんゲーム」は2大テッパンネタ

「先生は一度もじゃんけんで負けたことがありません」

笑顔で自己紹介をした後に言います。

「西野先生にはたくさんの特技があります。その中でもじゃんけんが一番得意です。なんと先生は，一度もじゃんけんで負けたことがありません。試しに，1回だけじゃんけんをしてみましょう。『最初はグー』からですよ。手を出してください。いきますよー」

子どもたちの方にグーを挙げた後，一度引きます。そして，みんなを見ながら間を取って言います。

「最初は，パーッ！」手もパーを出します。

子どもたちは「えーっ?!」「なんだよー！」「うわ～，ずり～！」と大盛り上がりです。

最後に話を締めます。

「ごめんなさい。今度はズルはしません。どこかで見かけたらまたじゃんけんをしましょう。お話終わります」

- [ ] 校歌をアカペラで歌う威力は計り知れない
- [ ] じゃんけんゲームは楽しく心をつかめる

保護者会が温かく楽しくなる 3つのポイント

> アイスブレイクで空気を和ませたら，自己紹介はさらっと。最後はためになる話でしめましょう。

まずはアイスブレイク

　保護者会の冒頭には，アイスブレイクを入れます。新年度当初や1年生担任の際は特に大事にしています。アイスブレイクとは，緊張感やよそよそしさを和らげ，温かく安心した雰囲気にするための活動です。

　私がよく行うのは自己紹介ゲームです。自由に立ち歩いて行います。
①　目を見てハイタッチ「お願いします」（握手でもOK）
②　じゃんけんをして，勝った方から自己紹介
③　名前，1年生の場合は出身保育園・幼稚園，通学経路，お子さん自慢（学期途中の場合は今学期の成長）
④　交代して自己紹介
⑤　目を見てハイタッチをして「またね〜」　※ルール：否定しないこと（笑）

　①〜⑤をパワーポイントか板書で提示しておきます。10分程使います。この10分で雰囲気がガラリと変わります。

　アイスブレイクの前に私は言います。「みなさん，この空気を覚えていてください。この重たく緊張した固い空気をよく感じておいてくださいねー」

　終わってから言います。「どうですか？　自己紹介ゲームをやる前と比べて（ここで感想を言ってもらいます）。そうですよね。温かく安心した空気になりましたよね。実は，子どもたちにとってのクラスも同じなんです。最初は固いんです。だから，私はあえてこのような活動を取り入れて，1年間，教室を温かい雰囲気にしていきたいと思っています。温かい教室にはいじめが発生しにくいですから」こうして保護者に安心してもらいます。保護者も自分自身で体感しているだけに，納得してくださいます。

自己紹介ゲームで，一気に和やかムードになります

全体で行う一人ずつの自己紹介は話型を決めて

一人一言ずつの自己紹介に時間がかかりすぎてしまうことはありませんか。そこで，話型をおすすめします。「私は〜の母（父）です。よろしくお願いします」こうすると一人10秒以内に収まります。

学級の状況，指導方針，教育情報を

「せっかく忙しいなか来ているんだから，ちょっとはためになる情報を出してよ！」初任時代の保護者会で言われた一言です。それ以来，紙面かパワーポイントで学級の状況，指導方針，教育情報を伝えています。確かに，情報があると集中して聞いてもらえます。例えば以下の内容です。

宿題を始めてから終わるまでの時間。家庭学習の時間。習い事の種類と数。お年玉の全国平均。テストの平均点。親に言われてうれしいこと・嫌なことアンケート。睡眠調査。森信三氏のしつけの3原則。ベネッセや国立教育政策研究所や新聞社の調査や記事など。

- ☐ アイスブレイクをして保護者会を温めよう
- ☐ 全体で行う自己紹介は話型を設定し，時間短縮
- ☐ 保護者のためになる情報で集中

【著者紹介】
西野　宏明（にしの　ひろあき）
1983年　東京都八王子市生まれ
2009年より東京都公立小学校勤務
教育サークル　オリエンタル・レボリューション（オリレボ）代表
連絡先：hirohirohiro5883@hotmail.com

本文イラスト　木村美穂

授業づくりサポートBOOKS
新任3年目までに必ず身に付けたい！
子どもがパッと集中する授業のワザ74

2015年3月初版第1刷刊	©著者	西　野　宏　明
2021年6月初版第11刷刊	発行者	藤　原　久　雄
	発行所	明治図書出版株式会社

http://www.meijitosho.co.jp
（企画・校正）木村　悠
〒114-0023　東京都北区滝野川7-46-1
振替00160-5-151318　電話03(5907)6703
ご注文窓口　電話03(5907)6668

＊検印省略

組版所　株式会社カシヨ

本書の無断コピーは、著作権・出版権にふれます。ご注意ください。

Printed in Japan

ISBN978-4-18-177833-0